Inhalt

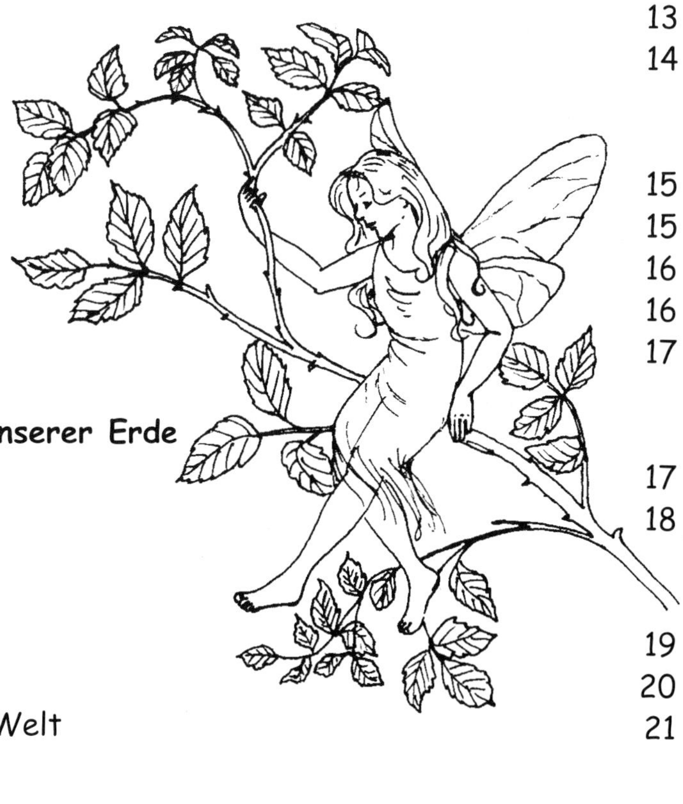

Inhalt

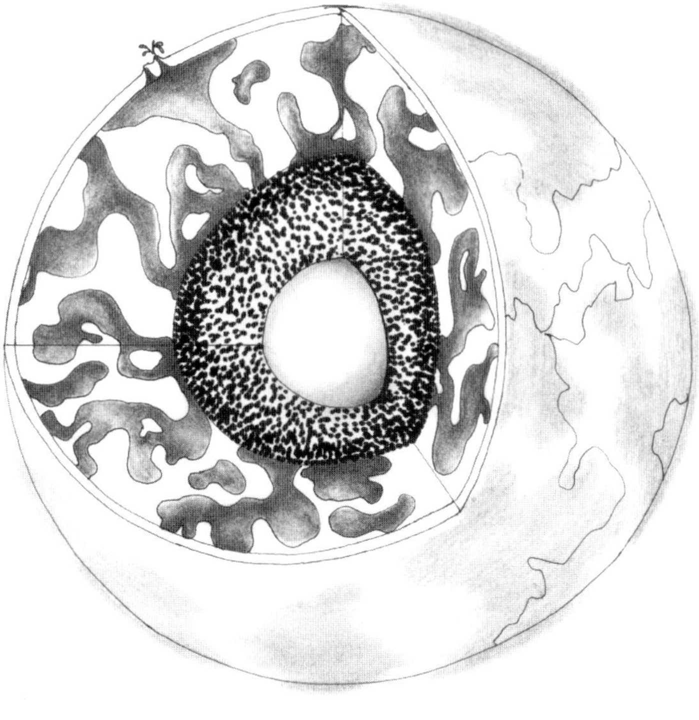

Vorwort

Liebe Kolleginnen und Kollegen,

Kinder machen schon früh Erfahrungen mit dem Element Erde. Am Strand, im Garten oder im Sandkasten buddeln sie tiefe Gräben, bauen Sandburgen oder formen Klöße und Kuchen aus Matsch. Im Alltag spüren wir dieses Element als Boden unter unseren Füßen, wo unzählige kleine Tierchen und Mikroorganismen zwischen Pflanzenwurzeln für uns fast „unsichtbar" leben. Erde wird häufig auch mit Fruchtbarkeit assoziiert. Alte Naturvölker verehren sie als „Mutter Erde", aus der neues Leben wächst. Sie spendet Nahrung für Menschen und Tiere. In ihrem Inneren verbergen sich kostbare Schätze wie Silber, Edelsteine, Kohle oder Öl, die der Mensch nach und nach in seinen Besitz gebracht hat, um sich sein Leben so angenehm und komfortabel wie möglich zu gestalten.

In der Erde schlummern gewaltige Kräfte, die auch zerstören können, z. B. dann, wenn die Erde erbebt oder sich auftut. Sie ist das Element, das uns an unsere Vergänglichkeit erinnert. Unser Körper wird nach alter Tradition in der Erde zur letzten Ruhe gebettet und verwandelt sich dort zu einem Bestandteil von ihr.

Mit „Erde" bezeichnen wir auch unseren blauen Planeten, der vor mehr als 4,5 Milliarden Jahren entstand und auf dem sich Leben entwickelte. Seine Geschichte und seine Naturphänomene haben den Menschen seit jeher fasziniert. Als Endglied einer langen Evolutionskette hat dieser es sich zur Aufgabe gemacht die Erde zu erforschen und zu beherrschen. Viele Geheimnisse dieses Planeten, zu dessen Kern noch kein Mensch vordringen konnte, liegen noch im Dunkeln. Im Zuge des technischen Fortschrittes und steigenden Konsumdenkens ist der Lebensraum Erde immer mehr Bedrohungen ausgesetzt. Eine der wichtigsten Aufgaben der heranwachsenden Generationen wird es daher sein, diesen Planeten vor Ausbeutung und Zerstörung zu schützen.

Das Thema „Erde" ist so facettenreich, dass es in fast allen Fächern der Grundschule aufgegriffen und in Bezug zum derzeit gültigen Lehrplan gesetzt werden kann. Die vorliegende Werkstatt „Wunderbares Geheimnis Erde" bietet einen umfangreichen Fundus an Möglichkeiten, sich diesem Thema handelnd und aus verschiedenen fachlichen Perspektiven zu nähern.

Die Erde-Werkstatt gliedert sich in zwölf Themenbereiche, die meist mehrere Vorschläge zur Gestaltung einer Station beinhalten. Erfahrungsgemäß empfiehlt es sich, aus den Vorschlägen und Materialien zunächst acht bis zwölf Stationen auszuwählen, um die Schüler, vor allem wenn sie mit Werkstattunterricht noch wenig Erfahrung haben, nicht zu überfordern.

Ich wünsche Ihnen viel Spaß mit der Lernwerkstatt „Wunderbares Geheimnis Erde"!

Ihre Sabine Schulz

Allgemeine Hinweise

Wählen Sie aus den zwölf Themenbereichen entsprechend Ihrer Klassen- und Unterrichtssituation die passenden Auftragskarten aus.

Am unteren Rand jeder Auftragskarte befindet sich ein leeres Nummernfeld (Erdhügel), in das Sie die Nummer der jeweiligen Station eintragen können.

Auf jeder Auftragskarte befinden sich außerdem bildhafte Zeichen, auf denen der Tätigkeitsbereich vermerkt ist, um den Kindern Entscheidunghilfen zu geben. Die Zeichenerklärung befindet sich auf Seite 12.
Es empfiehlt sich, diese Zeichenerklärung auf die Rückseite des Arbeitspasses (S. 10 – 11) zu kopieren oder diese vergrößert und für die Schüler gut sichtbar im Klassenzimmer anzubringen. In jedem Fall sollten die Zeichen in einem gemeinsamen Unterrichtsgespräch eingeführt werden.

Darüber hinaus sind auf jeder Auftragskarte in Form von Würmchen die Sozialformen vermerkt.

	Einzelarbeit
	Partnerarbeit
	Gruppenarbeit

Auf manchen Auftragskarten finden Sie unterhalb des Textes eine kleine Kiste eingezeichnet. Sie verrät Ihnen, dass hier noch zusätzliche Materialien benötigt werden.
In der Praxis hat es sich bewährt, die Materialien einer Station gemeinsam mit der entsprechenden Auftragskarte in nummerierten Klappkisten oder Schuhschachteln zusammenzustellen. Auf diese Weise lassen sich die Stationen gemeinsam mit den Schülern auf- und abbauen.

Sofern im Materialteil dieses Heftes eine Kopiervorlage vorhanden ist, finden Sie auf der Kiste eine Seitenangabe.

BVK LW38 • Sabine Schulz: Lernwerkstatt „Wunderbares Geheimnis Erde“

Tipps zur Durchführung der Lernwerkstatt

Die verrückte Zeitmaschine
Vorbereitungen:
Bei dieser Aufgabe können die Ereigniskarten eventuell ausgemalt werden. Dann werden sie auf farbiges Tonpapier geklebt, laminiert und ausgeschnitten. Als Nächstes werden die Rückseiten der Karten mit von eins bis zwölf nummerierten Klebepunkten versehen. Die Karten (S. 37–39) stehen in der richtigen Reihenfolge. Eine silberne Schachtel oder Dose mit Alltagsmaterialien (Knöpfe, Röhrchen oder Schrauben) wird zu einer futuristischen Zeitmaschinenbox gestaltet mit der Aufschrift „Zeitmaschine", in der die Ereigniskarten gemischt aufbewahrt werden.
Buchtipp:
Einen anschaulichen und informativen Rückblick in die Erdgeschichte für Kinder bietet die deutsche Ausgabe des Sachbuches „Erde" (Tessloff Verlag 2002).

Erdaufbau
Vorbereitungen:
Arbeitsblatt kopieren, ggf. Schere und Kleber bereitstellen.
Buchtipp:
Das Buch mit dem Titel „Die Erde – der faszinierende Aufbau unseres Planeten von der Atmosphäre bis zum Metallkern" (Reihe: Sehen. Staunen. Wissen. Gerstenberg Verlag 2001) spricht nicht nur Kinder, sondern auch Erwachsene durch seine zahlreichen Fotografien an. Es erklärt sehr anschaulich, wie und mit welchen Instrumenten der Aufbau unseres Planeten wissenschaftlich erforscht wird.

Die Erde – ein großer Magnet
Materialien:
Für diese Aufgabe benötigen Sie zusätzlich eine mit Wasser gefüllte Schüssel, einen Stabmagneten, eine Styroporplatte (die kleiner sein sollte als die Schüssel, damit sie besser darin schwimmen kann) und farbiges Klebeband.

Bodenproben
Materialien:
Zusätzlich benötigen Sie: Schaufeln, Spaten, Erde von unterschiedlichsten Plätzen (bei einem Unterrichtsspaziergang sammeln lassen), Zeitungspapier, einige Einmachgläser, Klebe-Etiketten, Schreibsachen.

Wasserglas-Test
Materialien:
Wasser, Marmeladengläser, Bodenproben, Löffel
Versuchsbeschreibung auf S. 41 laminieren.

Die Erde als Wasserspeicher
Materialien:
Mindestens drei verschiedene Bodensorten (z. B. Sand, Lehm oder Ton, Blumenerde), mindestens drei Blumentöpfe (Ø ca. 10 cm), mindestens drei leere Marmeladengläser, ein Messbecher

Saurer Boden
Materialien:
eine Bodenprobe, ein leeres Marmeladenglas mit Deckel, einen Löffel, einen Streifen pH-Indikatorpapier (Universalindikator pH 1–14 aus der Apotheke) und Wasser
Versuchsbeschreibung auf S. 42 laminieren.

Tipps zur Durchführung der Lernwerkstatt

Fühlrätsel
Vorbereitung:
Füllen Sie etwa fünf bis sechs Bodenproben in Schüsseln. Kleben Sie Etiketten mit der Bezeichnung der Bodenprobe auf die jeweilige Schüssel und decken Sie sie mit Wachstüchern ab.
Materialien:
Plastik-Schüsseln, Abdecktücher (**Tipp:** alte Wachstischdecke zuschneiden), verschiedene Bodenproben (Humus, Sand, Lehm, Kies, Walderde etc.), Klebeetiketten

Vulkanausbruch im Sandkasten
Materialien:
Sandkasten (oder eine mit Sand gefüllte Plastikschüssel), ein Trichter, eine kleine Flasche, ein Päckchen Backpulver oder ein bis zwei Teelöffel Natron aus der Apotheke, eine Tasse Essig, rote Lebensmittelfarbe und Wasser
Versuchsbeschreibung auf S. 43 laminieren.

Vulkan-Spiel
Vorbereitung:
Die Quizkarten müssen auseinander geschnitten werden. Das Spielbrett und die Quizkarten werden laminiert.
Materialien:
Zusätzlich werden noch Kieselsteinchen für jeden Spieler und ein Würfel benötigt.
Buchtipp:
Für jüngere Schüler (2. / 3. Klasse), die gerne mehr über Vulkane wissen möchten, eignet sich auf Grund seiner verständlichen Sprache und seiner zahlreichen Illustrationen und Fotos das Sachbuch „Vulkane" von Jen Green – eine arsEdition aus der Reihe „Wissen der Welt".

Das Kontinente-Puzzle
Vorbereitungen:
Arbeitsblatt im Klassensatz kopieren.
Materialien:
Schere

Meine persönliche Landkarte
Vorbereitungen:
Lassen Sie Ihre Schüler Reiseprospekte, Urlaubsfotos, Postkarten, Kalenderbilder, Briefmarken, Münzen etc. sammeln. Legen Sie eine Weltkarte bei (z. B. die Karte auf S. 48, evtl. vergrößert).
Materialien:
Weltkarte, Stifte, Schere, Kleber, Fotokarton, Kinderatlas, Lexika etc.

Eine Märchenreise rund um die Welt
Vorbereitungen:
Lassen Sie Ihre Schüler Märchenbücher mitbringen, ggf. aus der Bücherei ausleihen. Kopieren Sie den Märchenreisepass im Klassensatz.
Materialien:
Bücherkoffer, Stifte (Schüler-Mäppchen), ein Globus
Buchtipp:
Einen pädagogisch wertvollen und kindgemäßen Einblick in andere Kulturen und Länder bietet mit seinen zahlreichen Fotos das Buch „Kinder aus aller Welt" von Barnabas und Anabel Kinsley, das in Zusammenarbeit mit dem Kinderhilfswerk der Vereinten Nationen Unicef entstanden ist.

Tipps zur Durchführung der Lernwerkstatt

Landschafts-Lotto
Vorbereitung:
Schneiden Sie die Infokarte (S. 49), die Landschafts- und Tierkarten (S. 49–53) aus und laminieren Sie diese. Zum Schluss kopieren Sie das Arbeitsblatt (S. 54) im Klassensatz.

Regenwald in Gefahr
Materialien:
Sie benötigen zusätzlich Schere, Kleber, Stifte, bunte Plakate und ggf. zusätzliches Bild- und Textmaterial zum tropischen Regenwald. Infotext mehrfach kopieren.
Buchtipp:
Taylor, B.: Der Regenwald. Wissen der Welt. arsEdition, München 2000.
Tipp:
Weitere Informationen im Internet unter: *www.greenpeace.de; www.pro-regenwald.org*

Sahara auf der Fensterbank
Materialien:
eine viereckige Pflanzenschale, eine kleine Schaufel, ein Löffel, Kies oder Kieselsteine, grober Sand, Blumenerde, eine Gießkanne und sechs kleine Kakteen

Schreib-Spiel „Geheimnisvolle Landschaften der Erde"
Vorbereitungen:
Die Spielanleitung im Gruppensatz kopieren und laminieren. Die 18 Bildkarten ausschneiden und ebenfalls laminieren. Je sechs Bildkarten werden in eine Schachtel gegeben. Diese wird verschlossen. Als Letztes werden die Schachteln mit Wortkarten beklebt (s. S. 59).
Materialien:
Sie brauchen Würfel, drei Schachteln und Schreibzeug.
Buchtipp:
Faszinierende Aufnahmen des Bildbandes für Kinder „Die Erde von oben" von Yann Artus-Bertrand wecken nicht nur die Lust zu reisen, sondern auch die Neugier der Kinder, mehr über die Landschaften der Erde zu erfahren. (Knesebeck Verlag 2002)

Vom Fels zum Kieselstein - oder wenn Steine erzählen könnten ...
Materialien:
Schreibpapier und eine Schachtel mit Kieselsteinen bereitstellen.
Buchtipp:
Taylor, B.: Steine und Fossilien. Wissen für Kinder. Omnibus Taschenbuchverlag. München, Berlin, Frankfurt 2002.

Im Sand vergraben
Vorbereitungen:
Die Steine-Kartei-Karten (s. S. 62–64) kopieren, laminieren und ausschneiden. Dann muss Sand in eine Glasschüssel gefüllt und neun Steine (siehe Kartei-Karten) darin vergraben werden.
Materialien:
Neun (Halb-)Edelsteine (zu kaufen in kleineren Schmuckläden), eine Glasschüssel und Sand, Bestimmungsbücher.

Raub der Bodenschätze
Vorbereitungen:
Der Befragungsbogen muss entweder im Gruppen- oder im Klassensatz kopiert werden.

Tipps zur Durchführung der Lernwerkstatt

Kristall-Zucht
Materialien:
einige Marmeladengläser, warmes Wasser, 30 g Alaun pro Glas (aus der Apotheke), Stifte, Bindfaden, Löffel zum Umrühren

Mandala
Materialien:
bunter Dekorationssand in verschiedenen Farben, eine kleine runde Tischdecke (möglichst einfarbig), verschiedene Naturmaterialien (z. B. Muscheln, Äste, Schneckenhäuser, Kieselsteine, Blumen, Federn, Kastanien etc.), Dosen, Körbchen, Gläser (als Behälter) und eine große Plastikkiste

Sandige Stabbilder
Materialien:
Schere, flüssiger Kleber, bunter Sand, dunkler Fotokarton (DIN A4) und Holzstecken (dünne Äste) im Klassensatz, eine Heißklebepistole

Malen mit Erdfarben
Materialien:
Sie benötigen verschiedene Bodenproben (Sand, Lehm, Humus), einen Esslöffel Borax (aus der Apotheke), Wasserkocher, Wasser, 1 kg Magerquark, ein Rührgefäß, einen Quirl, ein Rührholz, einen Esslöffel, einen Messbecher, einige Plastikschälchen.
Buchtipps:
Zahlreiche Tipps für Lehrkräfte, welche die Erde als Gestaltungsmittel im Unterricht behandeln möchten, finden sich in:
„Kinderwerkstatt Naturfarben und Lehm", Heinz Knieriemen / Martin Krampfer, AT Verlag 1999.
„Feuer Wasser Erde Luft. Die vier Elemente im Kunstunterricht", Akademie für Lehrerfortbildung Dillingen, Auer Verlag 1997.

Der Tanz der Erdgeister
Materialien:
Sie benötigen je einen dunklen, durchsichtigen Sack pro Erdgeistdarsteller (ein dunkles Laken / Tuch geht auch), eine Pelzmütze für den Trolldarsteller, Kassettenrekorder / CD-Player, Musikkassette / CD.
Tipps:
Ideal sind für diese Aufgabe sechs Bewegungssäcke aus dunklem, leicht durchsichtigem Nylon-Futterstoff. Die Schüler können sich dahinter verstecken und hindurchsehen, was den besonderen Reiz dieser Aufgabe ausmacht. Mit etwas weniger Aufwand können auch Laken eingesetzt werden, die eventuell zuvor im Kunstunterricht mit Erdfarben bemalt wurden. Als Musikstück eignet sich „In der Halle des Bergkönigs" aus der Peer Gynth Suite No 1, Op. 46 von E. Grieg.

Kartoffeln – die nahrhaften Knollen aus Südamerika
Vorbereitung:
Text im Gruppen- oder Klassensatz kopieren

Spiel „Die faule Kartoffel"
Vor dem Spiel „Die faule Kartoffel" sollte die Station „Kartoffeln" bearbeitet werden.
Vorbereitungen:
Aus ockerfarbenem Tonpapier runde Kartoffelformen ausschneiden. Den Aussagetext bzw. Lösungsabschnitt ausschneiden und die Kartoffelform damit beidseitig bekleben. Die Rückseite sollte nach

Tipps zur Durchführung der Lernwerkstatt

Möglichkeit mit einem Klebepunkt markiert werden. Die Kartoffelformen ggf. laminieren.
Materialien:
ein kleiner Kochtopf und ein Küchenbrett, Spielkarten (Kartoffelformen)

Kartoffelspeisen
Vorbereitung:
Das Arbeitsblatt im Klassensatz kopieren und eventuell Kochbücher mit Kartoffelgerichten bereitstellen.

Das Regenwurm-Haus
Materialien:
ein großes Einmachglas / große Glasschale, Blumenerde, Sand, Gras, Blätter, Regenwürmer, eine Gießkanne mit Wasser

Der Regenwurm-Reaktionstest
Materialien:
ein mit Wasser benetzter Teller, ein Holzstift, ein Regenwurm
Test mit **einem** Wurm durchführen!

In der Erde rührt sich was
Materialien:
ein Marmeladenglas, eine Schaufel, ein Köder: z. B. Apfelstückchen, Käsewürfel, Kekskrümel, Wurststückchen, eine Holzplatte (ca. 20 x 30 cm), vier Steine, eine Lupe

Regenwurm-Domino
Vorbereitungen:
Die Wurmdominokarten laminieren und ausschneiden.

Mein liebstes Fleckchen Erde
Vorbereitungen:
Papiervorlage im Klassensatz kopieren, Unterrichtsgang ins Freie (Wiese)
Material:
Papiervorlage für den Rahmen, Fotokarton in DIN A4, feste Zeichenunterlage, Schere, Stift, Kleber

Das hat mir die Erde geschenkt ...
Vorbereitungen:
Lassen Sie Ihre Schüler bei einem Unterrichtsgang einen Gegenstand aus der Natur sammeln, der besonders reizvoll erscheint.

Arbeitspass

Name: ______________________________

Beginn: ________________ Abgabe: ________________

- Suche dir eine Station aus.
- Trage den Titel der Station auf deinem Pass ein.
- Wenn du den Arbeitsauftrag erledigt hast, malst du die Erdkugel neben dem Titel der Station blau aus.
- Nun darfst du mit der nächsten Aufgabe beginnen.

Nummer der Station	Titel
1.	
2.	
3.	
4.	
5.	
6.	
7.	
8.	
9.	
10.	
11.	
12.	
13.	
14.	
15.	
16.	
17.	

Arbeitspass

Name: ____

Beginn: ________________ Abgabe: ________________

- Suche dir eine Station aus.
- Trage den Titel der Station auf deinem Pass ein.
- Wenn du den Arbeitsauftrag erledigt hast, malst du die Erdkugel neben dem Titel der Station blau aus.
- Nun darfst du mit der nächsten Aufgabe beginnen.

Nummer der Station	Titel
18.	
19.	
20.	
21.	
22.	
23.	
24.	
25.	
26.	
27.	
28.	
29.	
30.	
31.	
32.	
33.	
34.	

Zeichenübersicht / Tätigkeitsbereiche

	Lesen
	Malen / Zeichnen / Werken
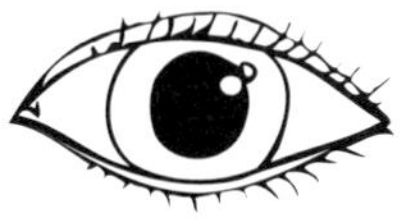	Beobachten / Wahrnehmen
	Bepflanzen
	Schreiben
	Spielen
	Untersuchen / Experimentieren / Arbeit mit Modellen
	Erzählen / Befragen
	Kochen / Backen
	Tanzen / Musik hören und machen
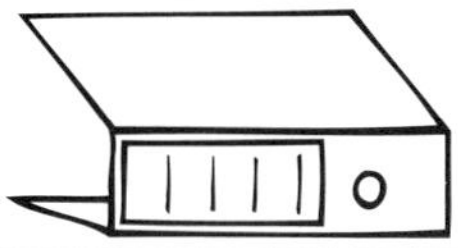	Sammeln / Ordnen / Bestimmen

BVK LW38 • Sabine Schulz: Lernwerkstatt „Wunderbares Geheimnis Erde“

1. Die verrückte Zeitmaschine

Na, hast du Lust eine Reise in die Vergangenheit der Erde zu machen, die sogar bis zur Entstehung des Universums zurückreicht?
Nun, da wirst du dich noch ein bisschen gedulden müssen, denn bei dieser Zeitmaschine ist wohl eine Schraube locker! Eigentlich sollte sie dir zeigen, wie die Erde entstand und wie sich langsam das Leben auf der Erde entwickelte - aber jetzt sind alle Ereignisse durcheinander geraten.

Aufgabe:

- Ordne die Karten nach der zeitlichen Abfolge der dort beschriebenen Ereignisse.
- Beginne mit der Karte, die am weitesten in die Vergangenheit zurückreicht und lege sie vor dir ab.
- Die Zahlen auf der Rückseite der Karten verraten dir, ob du die Reihenfolge richtig gelegt hast.

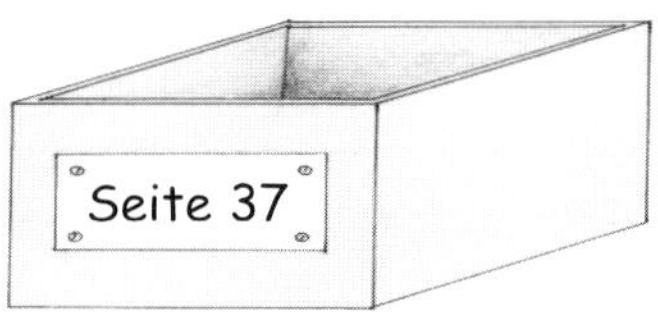

BVK LW38 • Sabine Schulz: Lernwerkstatt „Wunderbares Geheimnis Erde“

2. Erdaufbau

Lies den Text aufmerksam durch.

Aufgabe:

- Ordne die Wörter im Umschlag den richtigen Leerstellen auf der Bildkarte zu. (Achtung: Es haben sich zwei Fehlerwörter eingeschlichen.)

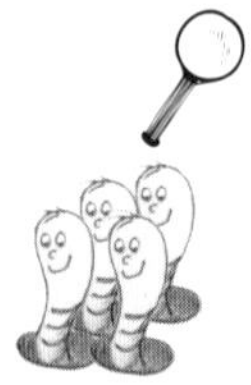

3. Die Erde - ein großer Magnet

Zu deiner Information:
Der Erdkern, der aus Eisen und Nickel besteht, erzeugt ein Magnetfeld. Die Linien des Magnetfeldes verlaufen von einem Erdpol zum anderen. Sie bewirken, dass alle frei beweglichen Magnete sich so drehen, dass einer ihrer Pole nach Norden und der andere nach Süden zeigt.

Aufgabe:
Baue deinen eigenen Kompass.
Ein Kompass besteht aus einer frei beweglichen Magnetnadel, die in der Mitte einer Windrose befestigt ist. Auf dieser sind die Himmelsrichtungen zu sehen.

Du brauchst:
1 mit Wasser gefüllte Schüssel, 1 Stabmagneten, 1 Styroporplatte (sie sollte kleiner als die Schüssel sein, damit sie gut darin schwimmen kann), farbiges Klebeband

So geht es:
- Befestige den Stabmagneten mit Klebeband auf der Styroporplatte.
- Lege die Styroporplatte nun ins Wasser und drehe sie. Warte, bis sie wieder ruhig im Wasser liegt. Der Magnet zeigt nun in eine ganz bestimmte Richtung.
- Markiere die beiden entsprechenden Stellen am Rand der Schüssel mit zwei Stückchen Klebeband.
- Drehe die Styroporplatte nochmals.

Was geschieht nun?
Wenn die Styroporplatte ruhig im Wasser liegt, stimmen die Magnetpole wieder mit den Markierungen am Rand der Schüssel überein. Die Magnetnadel deines Kompasses richtet sich wegen des Magnetfeldes der Erde immer in Nord-Süd-Richtung aus.

Tipp:
Vergewissere dich, dass keine Gegenstände aus Eisen oder Stahl in der Nähe deines Kompasses sind.

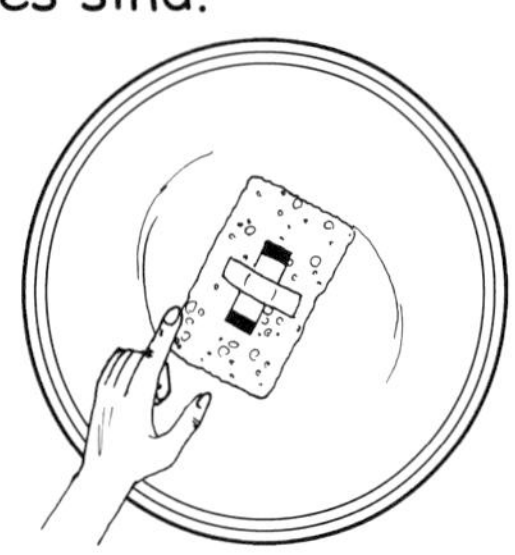

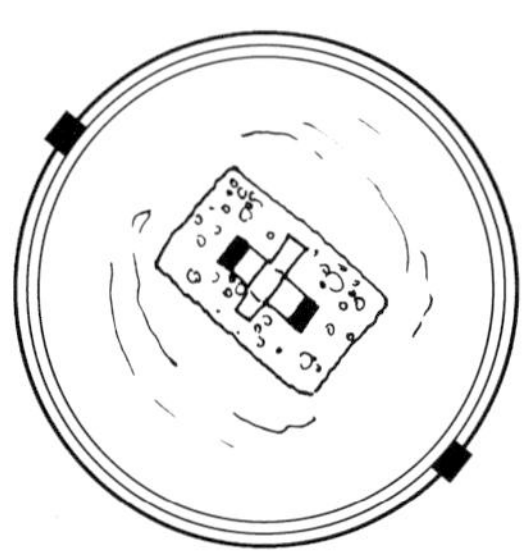

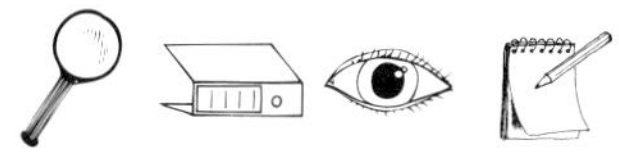

4. Bodenproben

Wenn du im Freien Bodenproben entnimmst, wirst du staunen, wie viele unterschiedliche Bodensorten es gibt. Hast du Lust, eine kleine Erde-Sammlung anzulegen?

Du brauchst:
1 Spaten, Erde von zwei verschiedenen Plätzen, Zeitungspapier, einige Einmachgläser, Klebe-Etiketten, Schreibzeug

So geht es:
Stich mit dem Spaten tief in den Boden und grabe etwas Erde aus.
Die verschiedenen Bobenproben füllst du in die Einmachgläser. Schreibe auf die Etiketten, woher du die Bodenproben hast und klebe sie auf die Einmachgläser.
Schütte im Klassenzimmer die Bodenproben auf das Zeitungspapier. Betrachte sie genau.
Welche Farbe hat die Erde, die du gesammelt hast? Wie fühlt sie sich an? Wie riechen die einzelnen Erdproben? Sind darin Pflanzenteile oder kleine Tierchen enthalten? Welche Unterschiede stellst du fest?
Mache zu jeder Bodenprobe Notizen!

BVK LW38 • Sabine Schulz: Lernwerkstatt „Wunderbares Geheimnis Erde“

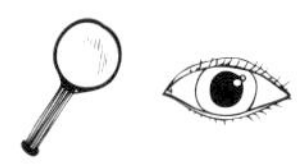

5. Wasserglas-Test

Sicher ist dir schon aufgefallen, dass der Erdboden verschiedene Farben hat und sich unterschiedlich anfühlt. Die Erde besteht zum Teil aus Humus und zum Teil aus Mineralien. Mineralien sind zu Pulver gewordene Steine.

Es gibt verschiedene Bodensorten.
Du kannst sie mit einem Wasserglas-Test nachweisen.
Lies dazu die Testanleitung genau durch.

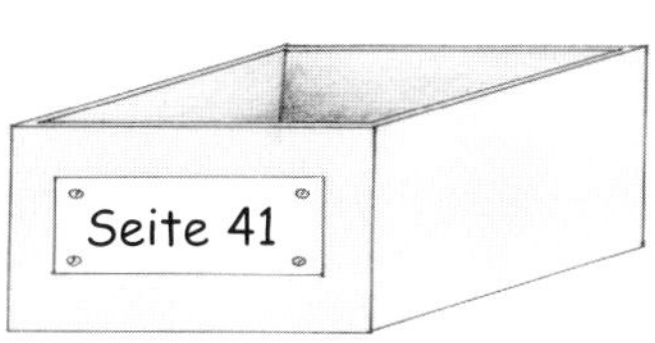

BVK LW38 • Sabine Schulz: Lernwerkstatt „Wunderbares Geheimnis Erde“

6. Die Erde als Wasserspeicher

Finde in folgendem Versuch heraus, welche Bodenart am besten Wasser speichern kann.

Du brauchst:
3 verschiedene Bodensorten (z. B. Sand, Lehm oder Ton, Blumenerde), 3 Blumentöpfe (Durchmesser ca. 10 cm), 3 leere Marmeladengläser, 1 Messbecher

So geht es:

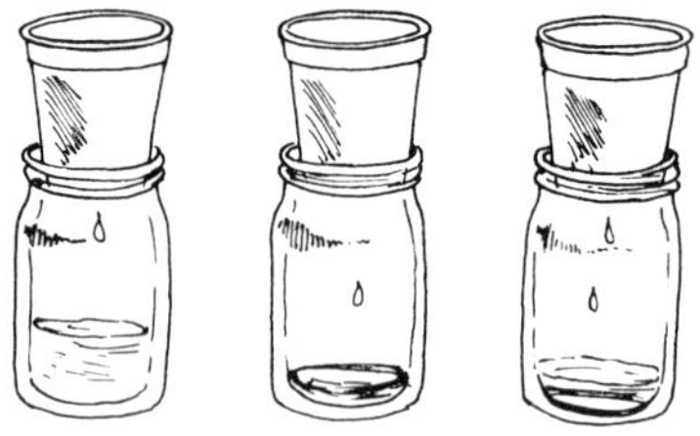

- Fülle jeden Blumentopf mit einer anderen Bodensorte.
- Anschließend stellst du jeden Blumentopf auf ein Marmeladenglas.
- Schütte in jeden Blumentopf 100 ml Wasser.

Was wird geschehen?
Die verschiedenen Böden speichern unterschiedlich gut Wasser. Wasser, das nicht vom Boden festgehalten wird, rinnt durch das Loch im Blumentopf und sammelt sich im Marmeladenglas. Sandiger Boden kann nur wenig Wasser halten. Deshalb wird das Wasser im Marmeladenglas schnell steigen. Lehmiger Boden dagegen lässt nur ganz langsam Wasser durch seine engen Poren.

BVK LW38 • Sabine Schulz: Lernwerkstatt „Wunderbares Geheimnis Erde“

7. Saurer Boden

Durch Autoabgase und Rauch aus Fabrikschloten gelangen säurehaltige Stoffe in die Luft. Das Ganze prasselt schließlich als *saurer Regen* auf den Boden.
Vielleicht denkst du jetzt, dass Regen immer sauer ist. Stimmt! Doch durch Abgase wird er bis zu 500-mal saurer als im unbelasteten Zustand. Wie aggressiv saurer Regen ist, kann man auch an historischen Gebäuden sehen, wo Steine wegen des hohen Säureanteils regelrecht zerfressen werden.
Gelangt über einen längeren Zeitraum saures Wasser in den Boden, so werden wichtige Nährstoffe wie Calcium und Magnesium dem Boden entzogen, wodurch vor allem die Bäume geschädigt werden. Die Säure greift die Wurzeln der Pflanzen an. Die Pflanze wird so zunehmend geschwächt, bis sie schließlich abstirbt.

Aufgabe:
- Prüfe die Beschaffenheit des Bodens in deiner Nähe.
- Lies dazu die Testanleitung genau durch.

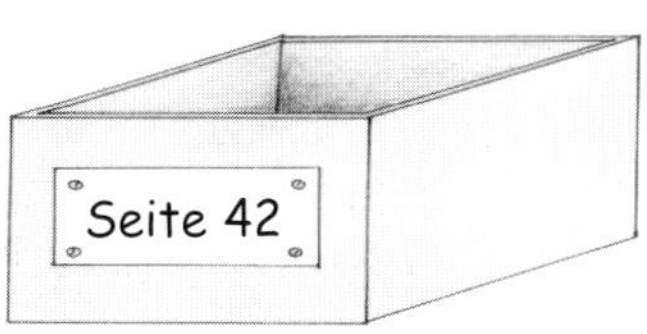

8. Fühlrätsel

In den abgedeckten Schüsseln findest du verschiedene Bodensorten.
Kannst du sie erfühlen?

Sand rinnt beispielsweise schnell durch die Finger.
Aus Ton und Lehm lassen sich ganz leicht Kügelchen formen.
Humus fühlt sich weich und etwas bröselig an.

Finde mit deinen Händen heraus, welche Bodensorte sich unter dem Tuch befindet.

Erst, wenn jedes Kind in deiner Gruppe mit dem Fühlen fertig ist, darf nachgesehen werden.

Anschließend ist Händewaschen angesagt.

BVK LW38 • Sabine Schulz: Lernwerkstatt „Wunderbares Geheimnis Erde“

9. Vulkanausbruch im Sandkasten

Willst du einmal einen Vulkanausbruch im Klassenzimmer erleben?
Nichts leichter als das!

Du brauchst:
1 Sandkasten (oder 1 mit Sand gefüllte Plastikschüssel), 1 Trichter, 1 kleines Fläschchen, 1 Päckchen Backpulver, rote Lebensmittelfarbe, Wasser

Aufgabe:
- Führe den Vulkanversuch durch.
- Lies vorher die Versuchsbeschreibung genau durch.

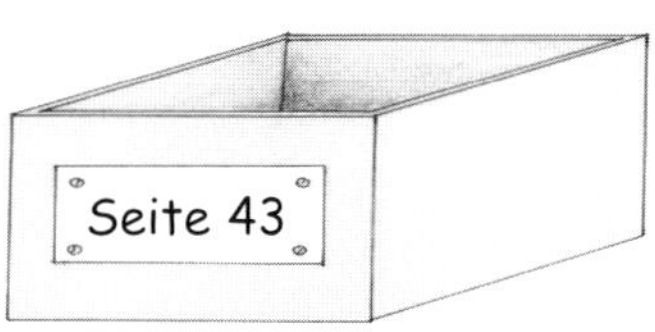

10. Vulkan-Spiel

Gran Vulcano ist ein Vulkan, von dem alle glaubten, er sei längst erloschen. Doch eines Tages beginnt es in seinem Inneren zu brodeln. Es wird nicht mehr lange dauern, bis heiße Gesteinsmasse aus seinem Krater tritt. Dein Stein wartet darauf, endlich an die Erdoberfläche zu gelangen, wo sich das Zielfeld befindet. Wenn er als erster die Erdoberfläche erreicht, hast du gewonnen.

Du brauchst:
1-3 Mitspieler, 1 Kiesel-Steinchen für jeden Mitspieler, 1 Würfel, das Vulkan-Spielbrett, 24 Vulkan-Quizkarten

Spielvorbereitungen:
- Lege die Quizkarten mit der Rückseite nach oben im Stapel auf das rechte Fragekarten-Feld.
- Jeder Mitspieler platziert sein Steinchen auf dem Startfeld.
- Dann würfelt jeder Mitspieler einmal. Wer die höchste Augenzahl hat, beginnt.

Spielregeln:
Bei diesem Spiel wird immer reihum im Uhrzeigersinn gewürfelt. Achte auf die Augenzahl, die du gewürfelt hast und schaue hier nach, was sie bedeutet.

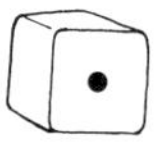
Rücke ein Feld vor.

Dein **rechter Nachbar** nimmt eine Fragekarte vom Stapel. Wenn du die Aufgabe richtig gelöst hast, darfst du ein Feld weiterrücken. Lege die Fragekarten auf das linke Fragekarten-Feld ab.

Du musst leider eine Runde aussetzen.

Rücke ein Feld vor und würfle noch einmal.

Das Spiel ist zu Ende, wenn der erste Stein das Zielfeld erreicht hat.

Tipp:
Mache dich vor diesem Spiel in Büchern über Vulkane schlau.

11. Das Kontinente-Puzzle

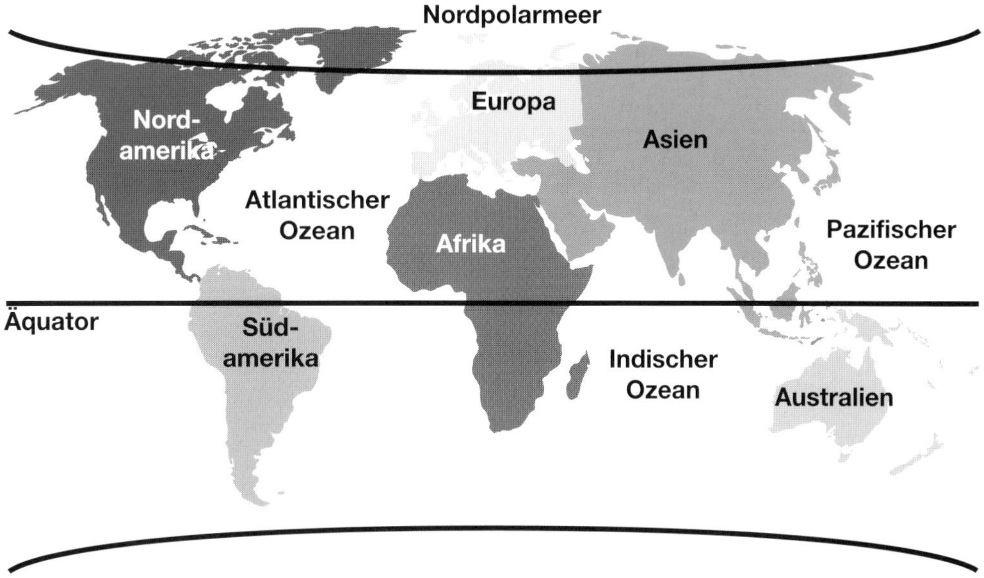

Zu deiner Information:
Auf dieser Karte siehst du die Kontinente der Erde dargestellt. Außerdem kannst du drei Linien sehen, die es auf der Erde selbst nicht gibt:
Die Mittellinie nennt man Äquator. Er umschließt die Erde. Die beiden anderen Linien verlaufen oben und unten nicht weit von jenen Punkten, die man Nordpol und Südpol nennt. Es handelt sich hier um die beiden Polarkreise.
Außerdem kannst du auf dieser Karte auch die vier Ozeane erkennen, die mehr als die Hälfte der Erdoberfläche einnehmen.

Aufgaben:
- Schaue dir die Weltkarte auf dieser Seite und auch auf dem Arbeitsblatt genau an und lies den Infotext.
- Schneide dann die Kontinente Afrika und Südamerika aus. Lege sie aneinander.

Was stellst du fest?

Daraus lässt sich schließen, dass die Kontinente früher einmal zusammenhingen.
Sie passen wie Puzzleteile zusammen.

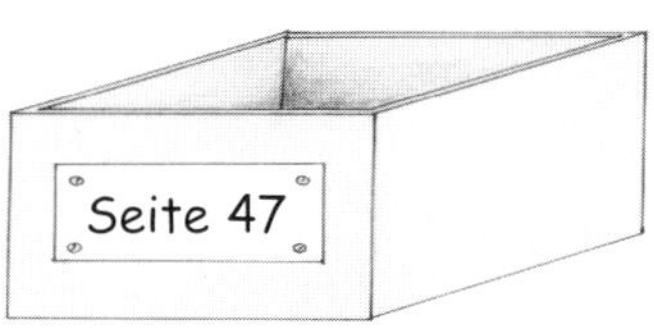

12. Meine persönliche Landkarte

Wie wär's mit einer persönlich gestalteten Landkarte? Suche dir einen Kontinent aus, der dich am meisten interessiert. Ist es Amerika, Australien, Europa, Afrika oder Asien? Wenn du dich entschieden hast, geht es ans Sammeln.

Du brauchst:
- Reiseprospekte
- Urlaubsfotos
- Postkarten
- Kalenderbilder
- Briefmarken
- Münzen ...

außerdem: Stifte, Schere, Kleber, Kinderatlas, Lexika ..., Foto-Karton

So geht es:
- Zeichne den Umriss deines ausgewählten Kontinentes auf dem Fotokarton ab.
- Nimm einen Atlas zu Hilfe.
- Schneide die Form sorgfältig aus.
- Nun trägst du wissenswerte Informationen und Bilder zu diesem Kontinent zusammen.
- Welche Sehenswürdigkeiten, besondere Pflanzen und Tierarten gibt es dort?
- Welche Früchte und Speisen werden dort verzehrt?
- Welche Währung ist auf diesem Kontinent üblich?
- Klebe Bilder, Münzen, Briefmarken ... auf deine Karte und beschrifte sie.

Anschließend befestigst du deinen Kontinent an eurer Klassen-Pinnwand.

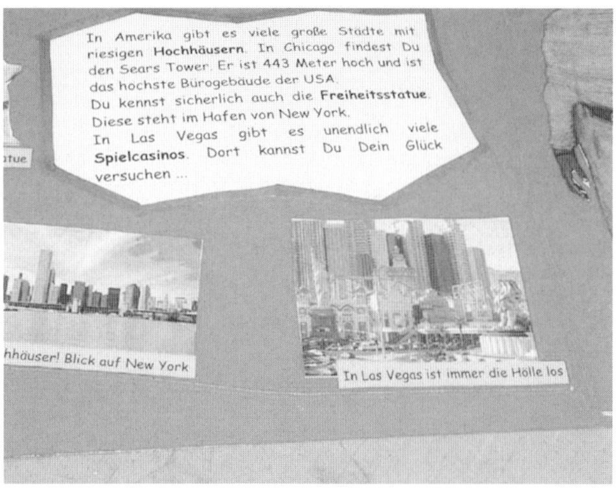

13. Eine Märchenreise rund um die Welt

Na, hat dich vielleicht schon das Reisefieber gepackt?
Übrigens, wer gerne Märchen liest, kann ganz schnell und bequem um die ganze Welt reisen.

Du brauchst:

- 1 Bücherkoffer mit Märchen aus aller Welt
- 1 Märchenreisepass
- dein Mäppchen
- 1 Globus
- und ein ruhiges, gemütliches Plätzchen zum Schmökern

Jetzt kann die Reise losgehen.

- Suche dir ein Märchen aus dem Bücher-Koffer aus.
- Wenn du das Märchen zu Ende gelesen hast, überlegst du dir, welches im Märchen genannte Ding du gerne als Erinnerungsstück mitbringen würdest und zeichnest es in deinen Reisekoffer auf dem Pass.
  Ist es ein Zauberring, ein schönes Kleid oder eine Flasche mit einem darin wohnenden Geist?
- Notiere den Titel des Märchens auf deinem Reisepass und male den Kontinent, aus dem es stammt, in deiner Lieblingsfarbe aus.
  (Wenn nur das Land dieses Märchens angegeben ist, suchst du das Land auf dem Globus und kannst so herausfinden, zu welchem Kontinent es gehört.)

- Schaffst du es, alle Kontinente zu bereisen?

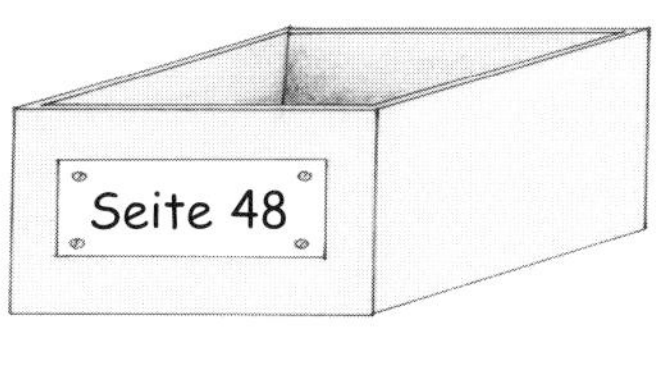

14. Landschafts-Lotto

Du brauchst:
2–6 Mitspieler, 6 Landschaftskarten, 36 Tierkarten

So funktioniert das Spiel:

1. Jeder Mitspieler nimmt sich eine *Landschaftskarte.*
   Lest reihum den Beschreibungstext laut vor. Die *Tierkarten* werden gemischt auf einen Stapel mit der Rückseite nach oben gelegt.
2. Der jüngste Mitspieler beginnt vom Stapel eine Tierkarte aufzudecken.
3. Vergleicht die *Symbole* auf der Landschafts- und der Tierkarte. Wer sein Landschaftssymbol auf der Tierkarte erkennt, darf sie sich nehmen.
   Nun deckt der nächste Mitspieler *von links* eine Karte auf. Wer erkennt darauf sein Landschaftssymbol wieder?
4. Es wird so lange gespielt, bis der erste Mitspieler alle *sechs Tierkarten* gesammelt hat. Dann ruft er: „Fertig!“ und legt alle Tierkarten offen ab. Stimmen alle Tierkarten mit seiner Landschaftskarte überein, hat er gewonnen.

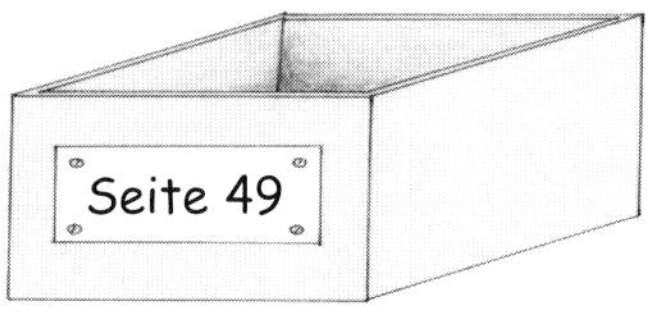

15. Regenwald in Gefahr

Hast du das gewusst?
Jede Minute werden schätzungsweise 400 000 Quadratmeter Regenwald einfach abgeholzt oder verbrannt. Warum der Regenwald für unsere Erde so wichtig ist und was du dazu beitragen kannst, damit die tropischen Regenwälder erhalten bleiben, erfährst du auf der Informationskarte mit dem Titel „Regenwald in Gefahr“.

Aufgaben:

- Lies den Informationstext aufmerksam durch und gestalte zum Thema Regenwald ein Informations-Plakat.
- Hänge es bei dir in der Schule auf, um auch andere Mitschüler auf dieses Problem aufmerksam zu machen.

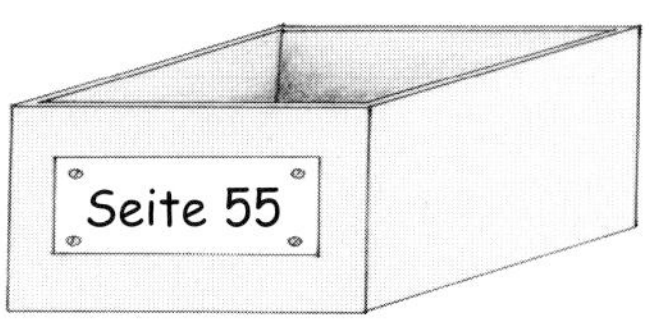

16. Sahara auf der Fensterbank

Die **größte Wüste** auf der Welt ist die **Sahara** in **Afrika**. Eine Wüste ist ein Gebiet, in dem kaum Regen (oder Schnee) fällt. Während der letzten Eiszeit vor etwa 18 000 Jahren war die Sahara ein fruchtbares Grasland, wo Menschen gemeinsam mit Elefanten, Giraffen und Flusspferden lebten. Heute ist sie eine riesige, heiße Sandwüste, die sich über neun Millionen Quadratkilometer erstreckt und sich immer noch weiter ausbreitet. Übrigens, nur ein Fünftel aller Wüsten besteht aus Sand. Die meisten sind mit Geröll und Steinen bedeckt.
Die Pflanzen, die in der Wüste wachsen, wie z. B. die Kakteen, können nur deshalb überleben, weil sie tiefe Wurzeln besitzen und das Wasser in ihrem fleischigen Stamm speichern. Als Zimmerpflanze sind sie sehr pflegeleicht, da sie nicht oft gegossen werden müssen.

Aufgabe:

- Lege eine Mini-Wüste in deinem Klassenzimmer an.

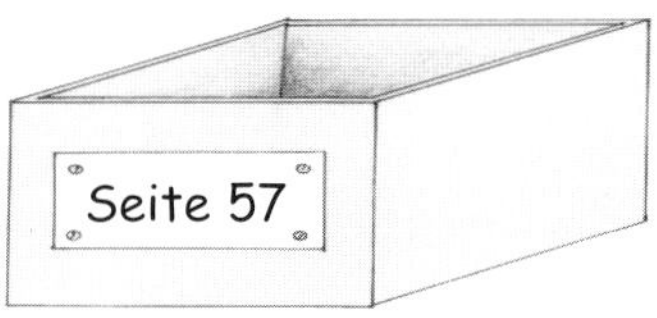

BVK LW38 • Sabine Schulz: Lernwerkstatt „Wunderbares Geheimnis Erde“

17. Schreib-Spiel „Geheimnisvolle Landschaften der Erde“

Vielleicht hast du schon einmal davon geträumt, mit einem fliegenden Teppich an einen ganz entlegenen Ort der Erde zu fliegen, um dort ein spannendes Abenteuer zu erleben.
Mit diesem Schreibspiel geht es ganz einfach. Lies die Anleitung genau!

Du brauchst: 3 Ideen-Schachteln, 1 Fragekarte, Würfel, Schreibzeug

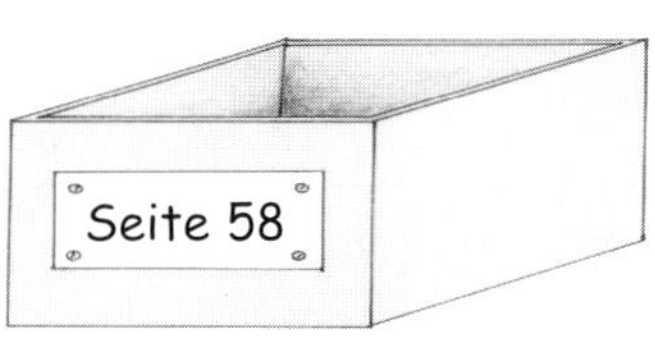

18. Vom Fels zum Kieselstein - oder wenn Steine erzählen könnten ...

Zu deiner Information:
Vielleicht sind dir bei einem Ferienaufenthalt am Meer schon einmal die kleinen, flachen Kieselsteine am Sandstrand aufgefallen. Hast du darüber schon einmal nachgedacht, woher diese schönen Steinchen und der viele Sand kommen?
Sie waren nämlich einmal Teil eines Felsgesteins und haben eine lange Geschichte hinter sich.

Auf der ganzen Welt werden Felsen langsam zersetzt. Stürme und Temperaturschwankungen sorgen dafür, dass der Fels eines Berges Risse bekommt. Wenn die Sonne den Felsen während des Tages aufheizt, dehnt sich das Gestein auf Grund der Wärme aus. Sobald jedoch die Temperaturen sinken, zieht sich der Fels wieder zusammen und bekommt Sprünge.
Gelangt Wasser in eine Felsspalte und gefriert dort, so kann das Eis das Gestein sprengen – ebenso wie die Wurzeln der Pflanzen, die in einer Felsspalte wachsen. Gestein wird aber auch durch Säuren im Regenwasser angegriffen.

Der Fels beginnt also zu bröckeln. Der Gesteinsschutt in den Bergen wird von Wind, Regen und Flüssen fortgetragen und irgendwo abgelagert, z. B. an einer Meeresmündung. Im Wasser werden die Gesteinsbrocken zu glatten Kieselsteinen geschliffen, die immer kleiner werden. Durch die starke Brandung an der Meeresküste werden sie schließlich zu Sand zerrieben.

Aufgabe:
- Suche dir einen kleinen Kieselstein aus, der dir gut gefällt.
- Befühle ihn mit geschlossenen Augen.
- Stelle dir vor, was dieser Stein schon alles erlebt hat.
- Lasse nun deinen Stein sprechen und schreibe seine Geschichte auf.

Beginne zum Beispiel so:

Hallo. Ich bin ein kleiner grauer Kieselstein,
den ein Kind am Strand gefunden hat.
Dort lag ich allerdings nicht immer ...

BVK LW38 • Sabine Schulz: Lernwerkstatt „Wunderbares Geheimnis Erde“

19. Im Sand vergraben

Vielleicht gehörst du auch zu den Steinsammlern und hast ein paar Prachtstücke zu Hause. Dann fällt es dir sicher nicht schwer, die folgende Aufgabe zu lösen.

Aufgabe:
In der mit Sand gefüllten Schüssel sind neun Steine versteckt.
Grabe einen Stein aus und sieh ihn dir genau an. Versuche mit Hilfe der Karteikarten herauszufinden, um welchen Stein es sich hier handelt.
Schaffst du es, alle Steine zu bestimmen?

Zusatzaufgabe:
Lege gemeinsam mit deinen Mitschülern eine Steinsammlung im Klassenzimmer an. Schreibe zu jedem Stein eine Karteikarte, die mehr über diesen Stein verrät (z. B. Name, Fundort, besondere Merkmale, Härtegrad, Verwendung).

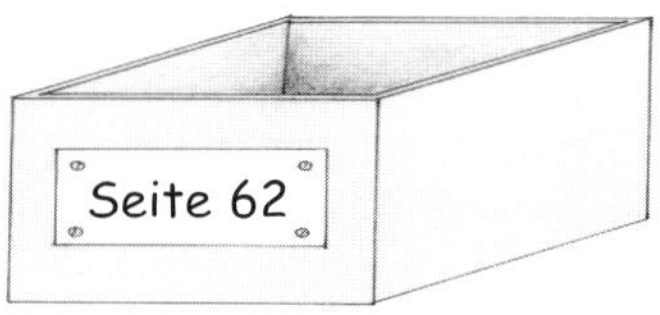

20. Raub der Bodenschätze

Zu den wichtigsten Schätzen der Erde gehören nicht nur Gold, Silber und Edelsteine, sondern auch das so genannte „schwarze Gold" – wie Kohle sowie Erdgas und Erdöl. Die Menschen rauben der Erde heute immer größere Mengen an Bodenschätzen, um möglichst bequem und komfortabel zu leben. Jährlich werden aus der Erde so viele Liter Erdöl gepumpt, dass man damit einen *zwei Meter tiefen See in der Größe Deutschlands* füllen könnte. Erdöl wird nämlich zur Herstellung von Kunststoff (z. B. Plastikbehälter, Filzstifte) und auch als Brennstoff (z. B. für Heizungen, Autos) verwendet. Das Problem ist, dass der Vorrat an Bodenschätzen begrenzt ist und oft nicht einfach wieder aufgefüllt werden kann. Viele Rohstoffe sind über *Jahrmillionen* hinweg entstanden.

Aufgaben:

- Befrage *fünf Personen* aus deiner Umgebung dazu, wie man den Verbrauch an Bodenschätzen senken könnte.
- Notiere ihre Antworten oder zeichne ihre Antworten mit dem Kassettenrekorder auf.
- Was kannst du tun, um Bodenschätze nicht unnötig zu verschwenden?

21. Kristall-Zucht

Alle Gesteine bestehen aus verschiedenen Mineralien, die unterschiedliche Kristalle bilden. Seltene und besonders schöne Mineralien nennen wir Edelsteine. Du kannst Kristalle selbst züchten. Es werden zwar keine Edelsteine, aber sie sind schön anzusehen.

Du brauchst:
- 1 kleines Marmeladenglas
- warmes Wasser
- ca. 30 g Alaun (aus der Apotheke)
- Stift
- Bindfaden
- Löffel

So geht es:
- Fülle warmes Wasser in das Marmeladenglas.
- Gib das Alaun hinein und verrühre das Ganze, bis sich das Alaunpulver aufgelöst hat.
- Binde an den Bleistift eine Schnur und lege den Stift so über das Glas, dass die Schnur in der Alaunlösung hängt.
- Nun heißt es abwarten. Nach einigen Tagen haben sich Kristalle an der Schnur gebildet.

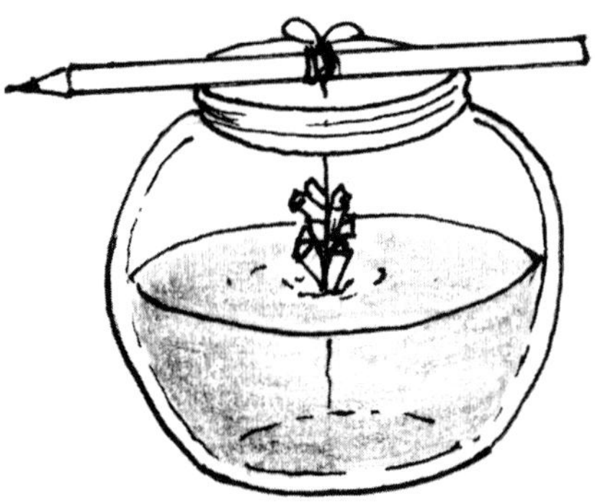

22. Mandala

Zu deiner Information:

Im Himalaja – einem riesigen Gebirge in Asien – gibt es zahlreiche Klöster, wo buddhistische Mönche leben. Eine ihrer Weisheiten ist, dass nichts ewig währt. Alles Leben auf der Erde ist vergänglich. In wochenlanger Arbeit legen junge Mönche aus bunt gefärbten Sandkörnchen kunstvolle Kreisbilder – so genannte Mandalas. Wenn das Mandala fertig ist, wird es zerstört. So lernen die Mönchsschüler zu verstehen, was Vergänglichkeit heißt.

Aufgabe:

Gestalte dein eigenes Mandala aus verschiedenfarbigen Sandkörnern. Du wirst merken, wie du dabei langsam immer mehr zur Ruhe kommst.
Am schönsten ist es, wenn du gemeinsam mit einer Gruppe zu leiser Musik arbeitest.

Du brauchst:

- bunten Dekorationssand in verschiedenen Farben
- eine kleine runde Tischdecke (möglichst einfarbig) oder ein rundes Stofftuch
- verschiedene Dinge, die du draußen in der Natur findest, z. B. Muscheln, Äste, Schneckenhäuser, Kieselsteine, Blumen, Federn, Kastanien
- Dosen, Körbchen, Gläser (als Behälter) und eine große Plastikkiste

So geht es:

- Nimm einen Stoffkreis (Tischdecke) und breite ihn auf dem Boden aus.
- Streue verschiedene Linien und Formen aus Sand darauf.
- Verziere die Formen mit verschiedenen Naturmaterialien.
- Wenn dein Mandala fertig ist, schaue es dir in Ruhe mit deinen Mitschülern an. Denke daran, dass die Erde sich im ewigen Kreislauf der Natur immer wieder verändert.
  Und du bist ein Teil davon.
- Dann baust du dein Mandala langsam wieder ab:
- Zuerst entfernst du die Dinge, die du als Verzierung verwendet hast und gibst sie in Behälter (z. B. Gläser, Dosen etc.). So können sie deine Mitschüler wieder verwerten.
- Dann schüttest du den Sand in eine Plastikkiste, wo sich die Sandkörner vermischen und neue Farbtöne entstehen.

23. Sandige Stabbilder

Eine tolle Geschenk-Idee sind Stabbilder, die mit bunten Sandkörnchen verziert werden und als Blumenschmuck wunderschön anzusehen sind.

Du brauchst:
- 1 Kreisschablone, Ø ca. 9 cm
- Schere
- flüssigen Kleber
- bunten Sand
- Deko nach Wahl (Federn, etc.)
- dunklen Fotokarton
- 1 Heißklebe-Pistole
- 1 Holzstecken (dünner Ast), Ø 30 cm / 35 cm

So geht es:
- Nimm eine Schablone und zeichne damit einen Kreis auf den Karton.
- Schneide den Kreis aus.
- Nun zeichnest du mit flüssigem Kleber Formen auf.
- Streue Sand darüber.
- Lasse den Kleber trocknen.
- Nun brauchst du einen Holzstecken, der mit einer Heißklebe-Pistole auf der Rückseite deines Kreisbildes befestigt wird.
  Lasse dir dabei von deiner Lehrerin helfen.
  Fertig!

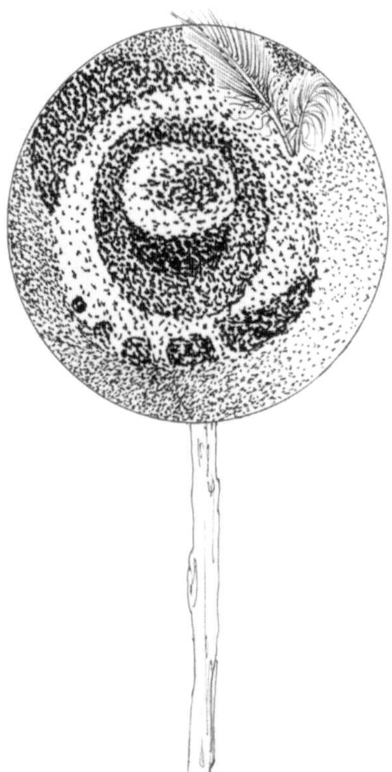

24. Malen mit Erdfarben

Die Steinzeitmenschen benutzten für ihre Malereien eine Mischung aus braunem und grünem Leim, Kreide und Holzkohle. Mit verschiedenen Erdsorten kannst auch du ganz einfach wunderschöne, leuchtende Malfarben herstellen.

Du brauchst:

- verschiedene Bodenproben (Sand, Lehm, Humus)
- 1 Esslöffel Borax (aus der Apotheke)
- Wasserkocher
- Wasser
- 1 kg Magerquark
- 1 Rührgefäß
- 1 Quirl
- 1 Rührholz
- 1 Esslöffel
- 1 Messbecher
- einige Plastikschälchen

So geht es:

- Zuerst musst du die Farbgrundlage herstellen. Nimm einen Esslöffel Borax und löse ihn in 50 ml heißem Wasser auf.

- In ein Rührgefäß gibst du 1 kg Magerquark und verquirlst ihn gut mit der Boraxlösung. Dann lässt du das Ganze ca. 20 Minuten ruhen.
  Fertig ist deine Farbgrundlage!

- Verteile die Farbgrundlage portionsweise in Plastikschälchen.
  Gib nun ein bisschen Erde dazu und verrühre sie gut.
  Mit den verschiedenen Bodenproben lassen sich ganz unterschiedliche Farbtöne herstellen.
  Die Erdfarbe solltest du möglichst bald verbrauchen.
  Trage beim Malen ein altes Hemd, um Flecken auf deiner Kleidung zu vermeiden.

Tipp:
Die Malunterlagen findest du ebenso wie deine Farbtöne draußen in der Natur. Auf Steinen, Wurzeln und Rinde kannst du mit Erdfarbe wunderschöne Muster malen. Sie sehen aber auch auf Pappe, Stoff und Tapetenresten gut aus. Experimentiere!

BVK LW38 • Sabine Schulz: Lernwerkstatt „Wunderbares Geheimnis Erde“

25. Der Tanz der Erdgeister

Tief im Inneren der Erde halten die dunklen Erdgeister in einer Höhle ihren Winterschlaf. Fast könnte man sie für große Felsblöcke halten, denn zusammengekauert liegen sie da und rühren sich nicht. Nur ab und zu hört man ein leises, genüssliches Schnarchen. Doch eines Tages schleicht sich ein kleiner, frecher Troll mit zotteligen Haaren in die Höhle der Erdgeister. Übermütig hüpft er umher und beginnt die Erdgeister zu zwicken und zu zwacken. Zunächst zucken die Erdgeister nur ein kleines bisschen. Doch als der kleine Troll nicht aufhört, sie zu necken, wacht ein Geist nach dem anderen auf. Die Erdgeister erheben sich und werden immer größer und größer. Wütend sehen sie sich nach dem kleinen Troll um, der sie so unsanft aus ihren Träumen gerissen hat. Mit schweren Schritten bewegen sie sich auf ihn zu. Der Wicht flitzt hin und her und schneidet lustige Grimassen. Schnell versteckt er sich mal da, mal dort und trickst die Erdgeister aus, die immer wütender werden ...

Aufgabe:
Hast du Lust bekommen, dich in einen Erdgeist oder einen lustigen Troll zu verwandeln? Spiele mit etwa 5–6 Mitschülern die Geschichte nach.

Du brauchst:
- je einen dunklen, durchsichtigen Sack pro Erdgeistdarsteller (ein dunkles Laken / Tuch geht auch)
- 1 Fellmütze für den Trolldarsteller
- Kassettenrekorder / CD-Player
- Musikkassette / CD

So geht es:
- Wenn du einen Erdgeist spielen willst, stülpst du dir einen Sack oder ein großes Tuch über den Kopf. Das Kind, das den Troll spielt, verkleidet sich mit einer Fellmütze.
- Die Erdgeister stellen sich im Kreis auf und biegen ihren Körper so, dass sie wie Felsbrocken aussehen. Probiere mindestens drei verschiedene „Felsformen“ aus! Anschließend verfällst du in Winterstarre und wartest darauf, dass die Musik beginnt. Der kleine Troll wird jeden Erdgeist nach und nach aufwecken.
- Probiere nun zur Musik verschiedene Bewegungen aus, die zu der Geschichte passen.
- Lege anschließend mit deinen Mitschülern gemeinsame Bewegungen fest und auch die Reihenfolge, in der ihr sie machen wollt.
- Probe ein- bis zweimal zusammen mit deinen Mitschülern zur Musik.

Wie wäre es zum Abschluss mit einer kleinen Aufführung vor der Klasse?

26. Kartoffeln - die nahrhaften Knollen aus Südamerika

Der Informationstext „Kartoffeln - die nahrhaften Knollen aus Südamerika" verrät dir, wie die Kartoffel von Südamerika zu uns nach Deutschland kam und welchen Trick ein schlauer König anwenden musste, um seine Untertanen dazu zu bringen, diese seltsame Knolle zu essen.

Aufgabe:

- Lies den Text aufmerksam durch und beantworte anschließend die Fragen unter dem Text schriftlich.

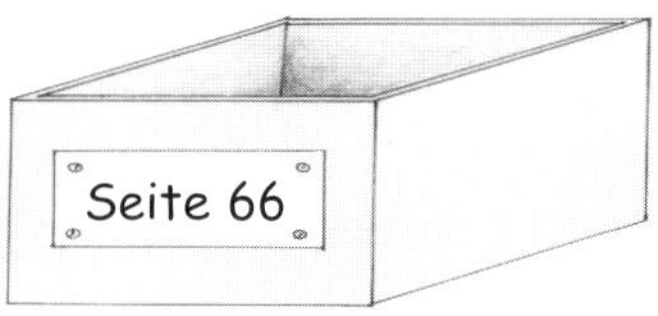

---

27. Spiel: „Die faule Kartoffel"

Wusstest du, dass man Kartoffeln auch Erdäpfel nennt? An dieser Station findest du einige Quiz-Kartoffeln, die dir etwas über diese Knolle verraten.
Doch Vorsicht! Einige Kartoffeln sind faul! Das heißt, die Behauptungen sind falsch.

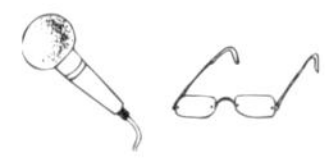

28. Kartoffelspeisen

Die Kartoffel stammt eigentlich aus Südamerika. Sie ist inzwischen jedoch nicht mehr von unserem Speisezettel wegzudenken. Übrigens, Kartoffeln werden gekocht, gebacken oder gebraten verzehrt - roh wären sie ungenießbar.

Aufgaben:
- Finde heraus, welche Speisen bei uns aus Kartoffeln gemacht werden.
- Schreibe und zeichne deine Ergebnisse in die Speisekarte.

Tipp:
Viele Hinweise findest du in Kochbüchern, auf den Packungen von Fertigspeisen, im Kühlregal oder befrage deine Familie.

Zusatzaufgabe:
Hast du Lust bekommen, ein ganz einfaches und leckeres Kartoffel-Gericht selbst zuzubereiten? Wie wär's mit einer Ofenkartoffel mit Kräuter-Quark? Wie es geht, verrät dir das Arbeitsblatt mit dem Kartoffel-Rezept.

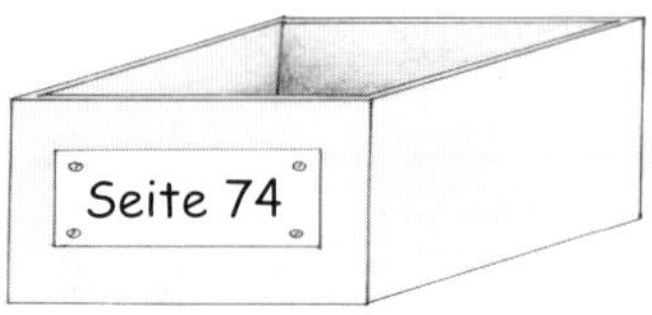

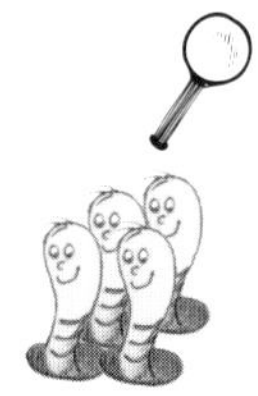

29. Das Regenwurm-Haus

Aufgabe:
- Baue ein Regenwurm-Haus und beobachte den Regenwurm einige Tage bei seiner Arbeit.

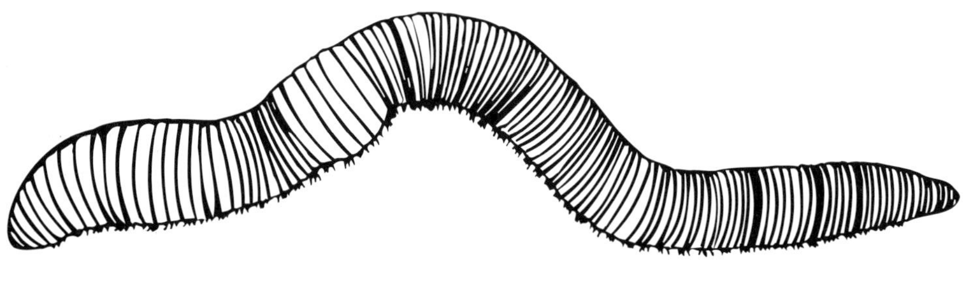

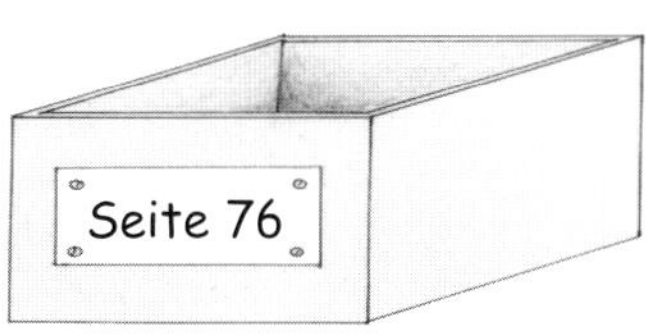

30. Der Regenwurm-Reaktionstest

Zu deiner Information:
Regenwürmer haben eine sehr empfindliche Haut. Wenn ein Vogel den Schwanz eines Regenwurms berührt, zieht er sich sofort zusammen und versucht möglichst schnell, in ein Erdloch zu verschwinden. Mit Hilfe dieser Reflexbewegung des Schwanzes gelingt es dem Regenwurm leichter, seinem hungrigen Feind zu entkommen.

Aufgabe:
- Mache den Regenwurm-Reaktionstest.

Du brauchst:
- 1 mit Wasser benetzten Teller
- 1 Holzstift
- 1 Regenwurm

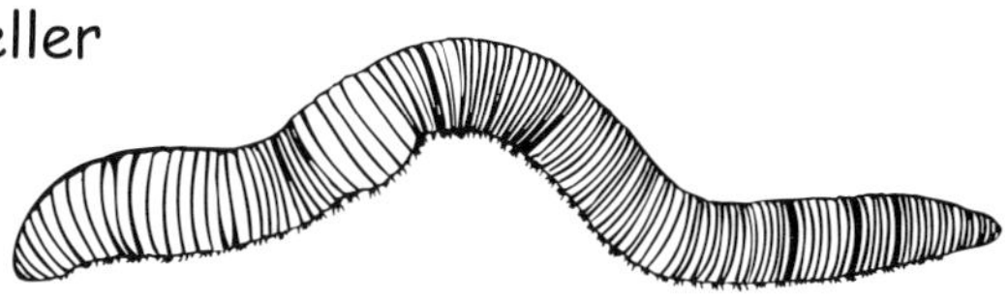

So geht es:
- Mache den Teller nass, bevor du den Regenwurm **ganz vorsichtig** darauf legst.
- Berühre ihn mit dem Stift **ganz leicht** am Schwanz.

- Wiederhole den Test, indem du den Regenwurm am anderen Ende berührst.
- Wo reagiert der Regenwurm schneller?
- Warum ist das so?

Wichtig!
Tragt den Regenwurm wieder nach draußen und legt ihn **vorsichtig** an einer geschützten Stelle auf den Boden.

31. In der Erde rührt sich was

Außer dem Regenwurm leben in den oberen Erdschichten viele winzige Tierchen, die man allerdings bei Tageslicht selten zu Gesicht bekommt. Wenn du sie dir ansehen willst, solltest du eine Fallgrube bauen.

Du brauchst:
- 1 Marmeladenglas
- 1 Schaufel
- 1 Köder: z. B. Apfelstückchen
- Käsewürfel
- Kekskrümel
- Wurststückchen
- 1 Holzplatte (ca. 20 x 30 cm)
- 4 Steine
- 1 Lupe

So geht es:
- Grabe in einer Ecke eures Schulgartens ein Loch in die Erde.
- Stelle das Glas in das Loch.
- Der Rand sollte ebenerdig abschließen. Lege den Köder in das Glas.
- Lege vier Steine um das eingegrabene Glas und lege das Holzbrett als Regenschutz darüber.

Was wird geschehen?
Viele kleine Tierchen werden durch den Geruch des Köders angelockt und fallen in den Becher. Sie können an der glatten Wand nicht mehr hochklettern.

Nun kannst du sie herausnehmen und unter der Lupe beobachten.

Aufgabe:
- Fertige einen Steckbrief von einem solchen Bodenarbeiter an!

BVK LW38 • Sabine Schulz: Lernwerkstatt „Wunderbares Geheimnis Erde“

32. Regenwurm-Domino

Was ist denn mit diesem Regenwurm passiert?
Setze ihn wieder richtig zusammen. Allerdings musst du an die Fragen die richtigen Antworten anlegen.
Beginne mit der Kopf-Karte.

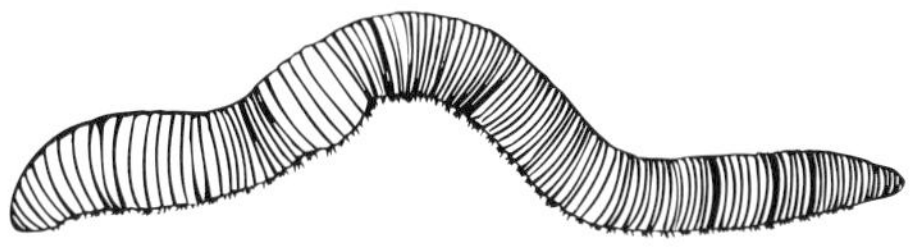

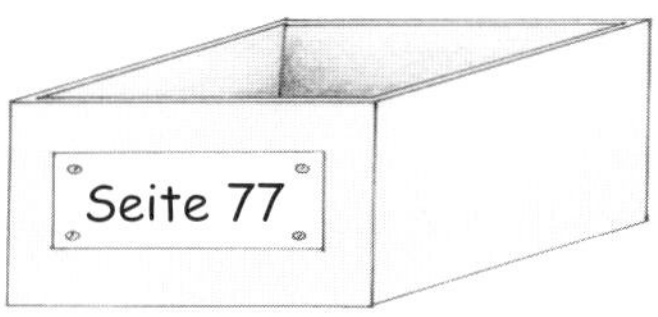

33. Mein liebstes Fleckchen Erde

Du brauchst:
1 Skizzenblock, 1 Bleistift / Mäppchen, 1 feste Malunterlage (z. B. Karton, Klemmbrett), 1 Suchrahmen, 1 Sitzunterlage, 1 Tasche

Sieh dir die Erde einmal durch einen Bilderrahmen an. Bleibe zwischendurch stehen und fotografiere das Bild, das du gerade siehst, mit deinen Augen. Du wirst staunen, was du alles entdecken wirst! Wenn du eine Stelle gefunden hast, die dir besonders gefällt, dann lässt du dich dort nieder und suchst dir mit Hilfe des Rahmens einen Ausschnitt aus, den du gerne zeichnen möchtest. Fertige eine Bleistift-Skizze davon an. Deine Zeichnung kann dir später als Vorlage für ein farbiges Bild dienen.
Wie wäre es mit einer kleinen Bilder-Ausstellung im Klassenzimmer?

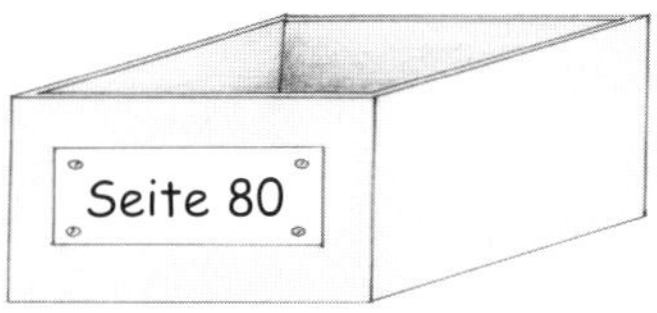

34. Das hat mir die Erde geschenkt ...

Dir ist bei einem Spaziergang sicher ein Gegenstand besonders ins Auge gefallen - eine Feder, die du am Boden gefunden hast, ein Schneckenhaus, eine Kastanie, ein Kleeblatt usw.
Nimm diesen Gegenstand als Geschenk der Erde an dich und bringe ihn in deine Klasse mit.

Aufgabe:
- Stelle deinen Klassenkameraden zu diesem Gegenstand ein Rätsel.
- Schreibe dieses Rätsel in Form eines Elfchens.

Falls du nicht weißt, was ein Elfchen ist, hier hast du zwei Beispiele.

Tipp:
Zähle die Wörter. Dir fällt bestimmt etwas auf ...

weiß
am Strand
Wellen umspülen mich
in mir ihr Rauschen
Muschel

(Sonja, 12 Jahre)

gelb
wie Sonnenstrahlen
ich dufte honigsüß
nach Frühling und Wiese
Schlüsselblume

(Jonas, 9 Jahre)

Hast du es gemerkt?
Diese Rätselgedichte bestehen aus genau elf Wörtern.
In jeder Zeile kommt ein Wort hinzu –
ausgenommen die letzte Zeile.
Dort steht das Lösungswort.

1. Die verrückte Zeitmaschine (1)

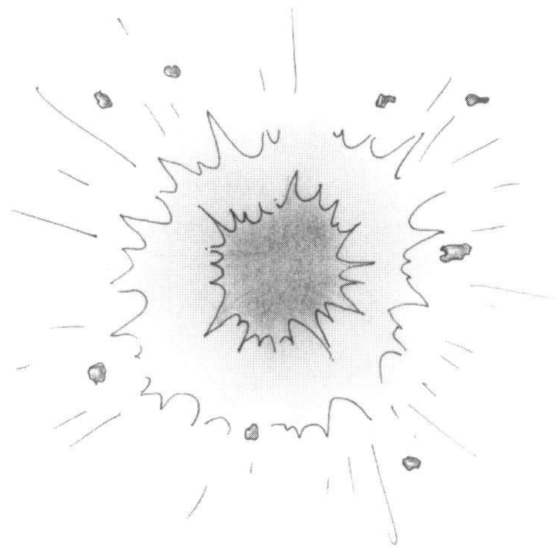

Der Urknall

Vor 15 bis 20 Milliarden Jahren gab es eine riesige Explosion, den Urknall. Die Materie verteilte sich im ganzen Universum, das sich bis heute noch ausdehnt.

Die Entstehung der Sonne

Vor etwa 4,5 Milliarden Jahren trieb eine gewaltige Wolke aus Gas und Staubteilchen durch das Weltall, die sich immer mehr zusammenzog und erwärmte. Im Zentrum der Wolke bildete sich eine Kugel, die zu glühen und immer heller zu strahlen begann. So entstand die Sonne.

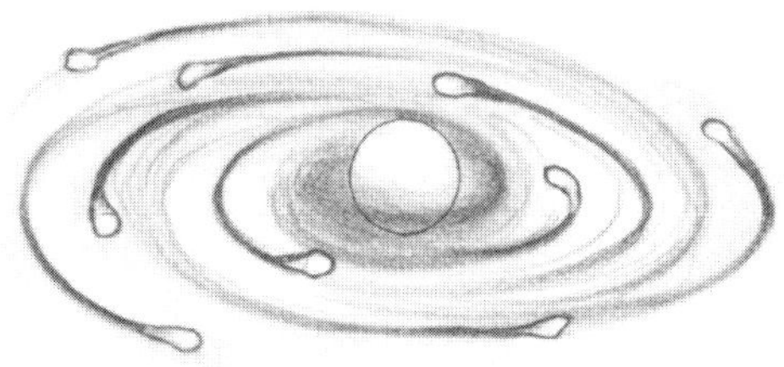

Die Entstehung der neun Planeten

Auch die Staubteilchen und Gase, die um die Sonne kreisten, zogen sich zusammen und verdichteten sich zu Kugeln. So entstanden die 9 Planeten unseres Sonnensystems, die noch heute in festen Bahnen die Sonne umkreisen.

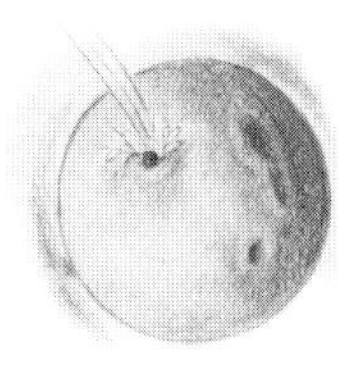

Die Ur-Erde

Der Planet Erde war kurz nach seiner Entstehung eine kalte, tote Kugel aus Gestein. Immer schlugen Kometen und Gesteinsbrocken aus dem All in die Urerde ein und hinterließen tiefe Krater. Dadurch wurde Energie frei und es kam zu einer Erwärmung der Erde. Metalle und Gesteine schmolzen bei den enormen Temperaturen und wurden flüssig. Die Erde glich nun einem riesigen glühenden Ball. Als sie sich an der Oberfläche mit der Zeit abkühlte, bildete sich eine feste Kruste.

1. Die verrückte Zeitmaschine (2)

Der große Regen

Die Erdkruste begann zu schrumpfen und brach an verschiedenen Stellen auf. Heiße Magmaströme traten an die Oberfläche. Es entstanden zahlreiche Vulkane. Aus ihren Schloten stieg heißer Wasserdampf. Dieser gelangte in die kalte Lufthülle der Erde, wo er abkühlte und als Regen wieder zur Erde fiel. Es regnete Tag und Nacht viele tausend Jahre lang. Das Wasser strömte vom Himmel und füllte die Landbecken. So entstanden die Ozeane und Flüsse.

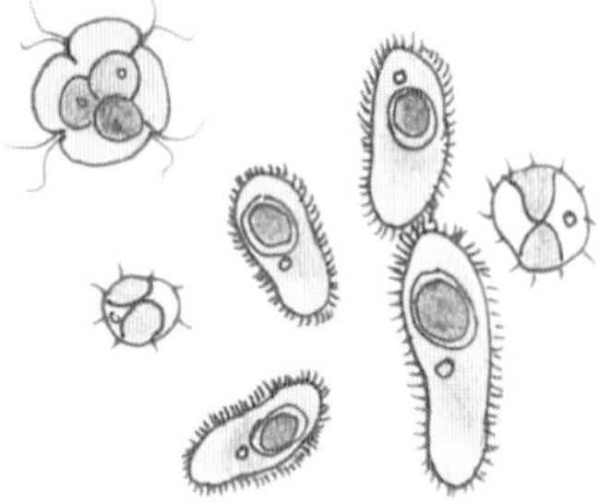

Die Entstehung des Lebens

Vor etwa 3,5 Milliarden Jahren entwickelten sich im Meer die ersten Lebewesen, die so genannten Einzeller. Niemand kann erklären, wie es dazu kam. Vor etwa 600 Millionen Jahren fingen diese Einzeller an, sich zu größeren Zellklumpen zusammenzulagern. Ab diesem Zeitpunkt begann sich das Leben auf der Erde von niederen Lebensformen zu immer höheren weiterzuentwickeln.

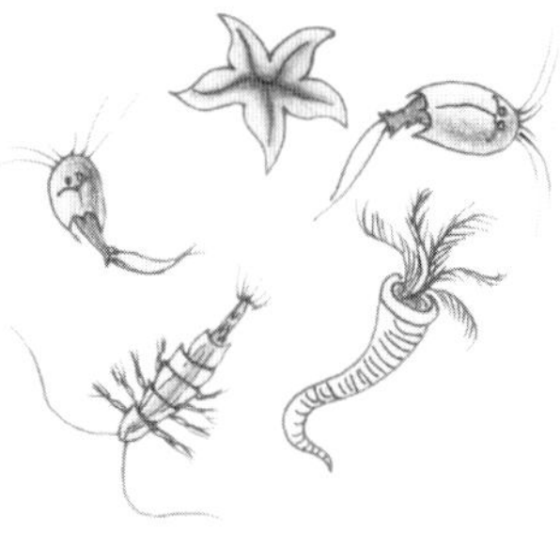

Die ersten Tiere im Wasser

Vor ca. 530 Millionen Jahren tauchten die ersten Tiere mit harten Körperteilen (Schalen oder knöchernen Skeletten) auf. Sie lebten alle im Wasser. Zu ihnen gehörten Seesterne, Schalentiere, Korallen, Weichtiere und Schwämme. Später entwickelten sich die ersten Fische. Einige Arten wurden zu Riesen wie z. B. der Dunkleosteus, der eine Länge von mehr als 9 m erreichte.

Die Entstehung des Sauerstoffs

Vor 430 Millionen Jahren begannen Pflanzen auch auf dem Land zu wachsen. Sie gaben Sauerstoff ab, der sich in der Atmosphäre verteilte. Als die Atmosphäre genügend Sauerstoff enthielt, verließen auch die Tiere die Ozeane und gingen an Land.

BVK LW38 • Sabine Schulz: Lernwerkstatt „Wunderbares Geheimnis Erde“

1. Die verrückte Zeitmaschine (3)

Die ersten Landlebewesen

Die ersten Landtiere waren Insekten und Spinnen. Sie waren eine willkommene Nahrung für Fische, die in Ufernähe lebten. Quastenflosser entwickelten im Laufe der Zeit die Fähigkeit, auf Flossen an Land zu „kriechen", um ihre Beute zu jagen. Vermutlich waren sie die Vorgänger der Amphibien.

Amphibien und Reptilien

Vor 350 Millionen Jahren bedeckten riesige Farn- und Ginkowälder die Erde. Es herrschte ein feucht-warmes Klima mit Sumpflandschaften, wo die ersten Amphibien lebten, aus denen sich später die Reptilien entwickelten. Sie sind Verwandte der Dinosaurier, welche vor 250 Millionen Jahren begannen, die Erde zu bevölkern.

Säugetiere bevölkern die Erde

Vor 65 Millionen Jahren kam es zu einem dramatischen Artensterben, bei dem auch die Dinosaurier für immer von der Erde verschwanden.
Allerdings überlebten etliche Reptilien. Es hatten sich außerdem mehrere Gruppen von Säugetieren entwickelt, die sich in den dichtbewachsenen Wäldern der Erde vermehrten.

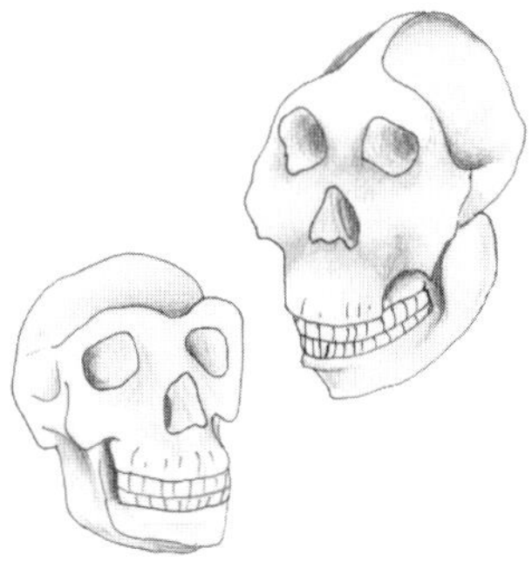

Die Vorfahren der Menschen

Vor etwa zwei Millionen Jahren tauchten die ersten Vorfahren des Menschen in Afrika auf. Ab diesem Zeitpunkt begann sich die menschliche Gattung weiterzuentwickeln und die Erde zu bevölkern. Zu unseren berühmtesten Vorfahren zählt der Neandertaler, der sich dem kalten Eiszeitklima in Europa anpasste. Er starb vor ca. 30 000 Jahren aus.

2. Erdaufbau

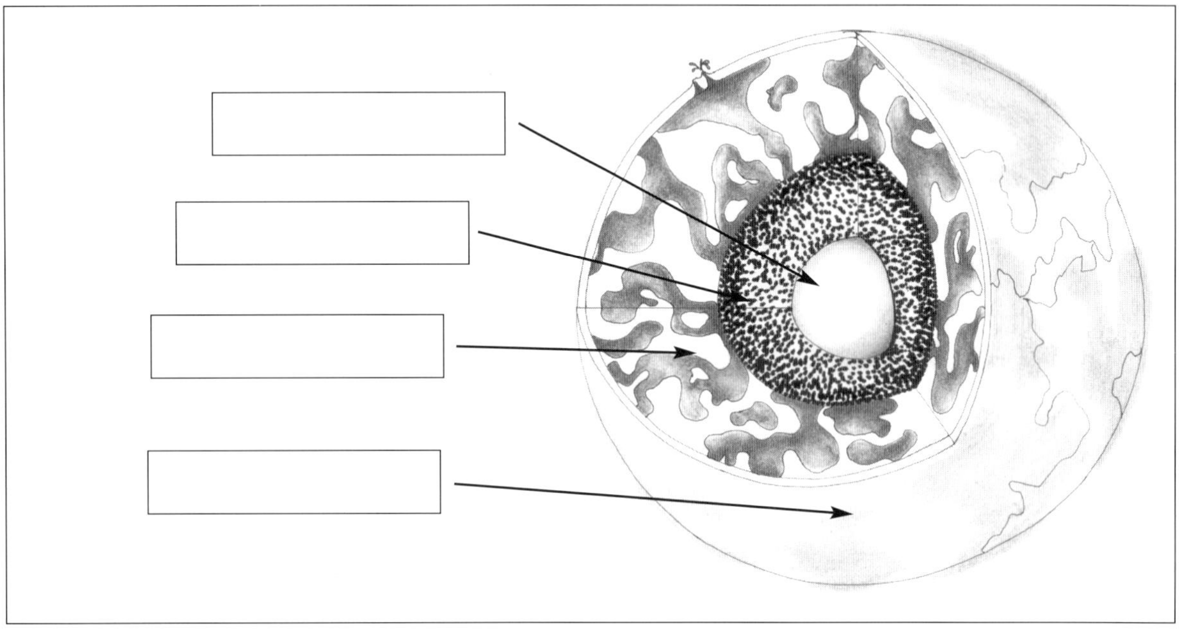

Zu deiner Information:

Die Erdkugel besteht aus mehreren Schichten. Die äußerste Schicht, die aus Erd- und Wasserflächen besteht, nennt man Erdkruste. Sie setzt sich aus einzelnen Gesteinsplatten zusammen, welche die Kontinente und Ozeane tragen. Unter den Kontinenten sind diese ca. 30 bis 100 km dick. Unter den Ozeanen schwankt die Krustendicke zwischen 5 und 11 km. Unter der Kruste liegt der Erdmantel, der aus heißem, biegsamem Gestein besteht. Dort bildet sich auch das Magma, das durch Risse in der Erdkruste an die Oberfläche tritt und Vulkanausbrüche verursacht.

In einer Tiefe von 2 900 km liegt der Erdkern, der sehr heiß ist – bis zu 5 000 °C.
Erdforscher haben herausgefunden, dass der äußere Kern vermutlich flüssig, der innere Kern jedoch fest ist. Der Kern besteht aus Eisen und Nickel und verursacht das Magnetfeld der Erde.

Erdplatten

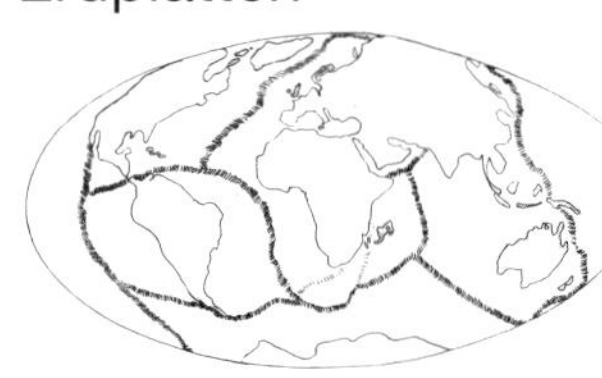

Die Erde hat einen Durchmesser von 12 756 Kilometern

Die Erde hat einen Umfang von etwa 40 000 Kilometern

innerer Erdmantel	äußerer Erdkern	Erdmantel
Erdkruste	Erdmütze	innerer Erdkern

5. Wasserglas-Test

So geht es:

- Fülle in ein größeres Marmeladenglas etwas Erde (etwa 5 cm hoch).
- Gieße bis etwa 5 cm vor dem Glasrand Wasser dazu und rühre alles gut um.
- Nun musst du ein bisschen Geduld haben und warten.
- Nach einer Weile setzt sich die Erde in Schichten ab.
- Schreibe deine Beobachtungen auf.

Kies

Gesteinsteilchen, deren Durchmesser größer als 2 mm ist, nennt man Kies. Sie setzen sich ganz unten ab.

Sand

Wenn der Boden viel Sand enthält, so sammelt sich dieser am Boden des Glases und das Wasser darüber bleibt fast klar. Sand besteht aus winzig kleinen Steinchen.

Lehm

Wenn das Wasser trübe bleibt und weniger Erde auf den Boden des Glases sinkt, dann ist die Erde lehmig.

Humus

Schwimmen an der Oberfläche des Wassers (nachdem sich der Rest der Erde am Boden abgesetzt hat) dunkle Krümel und das Wasser ist sonst recht klar, dann ist das Humus. Er wird aus abgestorbenen Pflanzen und Tieren gebildet.

BVK LW38 • Sabine Schulz: Lernwerkstatt „Wunderbares Geheimnis Erde“

7. Saurer Boden

Ob der Boden in deiner Umgebung sauer ist, kannst du ganz einfach selbst überprüfen:

Du brauchst:
1 Bodenprobe, 1 leeres Marmeladenglas mit Deckel, 1 Löffel, 1 Streifen pH-Indikatorpapier (Universalindikator pH 1–14 aus der Apotheke), Wasser

So geht es:

- Gib einen Löffel deiner Bodenprobe in das Glas. Falls darin größere Klümpchen sind, zerdrücke sie mit dem Löffel.

- Fülle das Glas etwa bis zur Hälfte mit Wasser. Schraube den Deckel auf das Glas, sodass es luftdicht verschlossen ist.

- Schüttle das Glas eine Minute lang kräftig, damit Erde und Wasser gut vermischt sind. Stelle das Glas ab und schraube es auf.

- Halte den Teststreifen kurz hinein.

- Das Papier wird sich verfärben. Vergleiche nun den Teststreifen mit der Farbskala auf der Packung des Universalindikators. Dort kannst du ablesen, ob der Boden sauer ist oder nicht.
  pH 1 – 6: sauer   pH 7: neutral   pH 8 – 14: alkalisch

Zusatzaufgabe:
Überlege, was die Menschen tun könnten, um übersäuerten Boden zu verhindern.

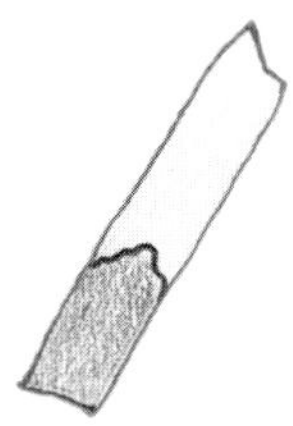

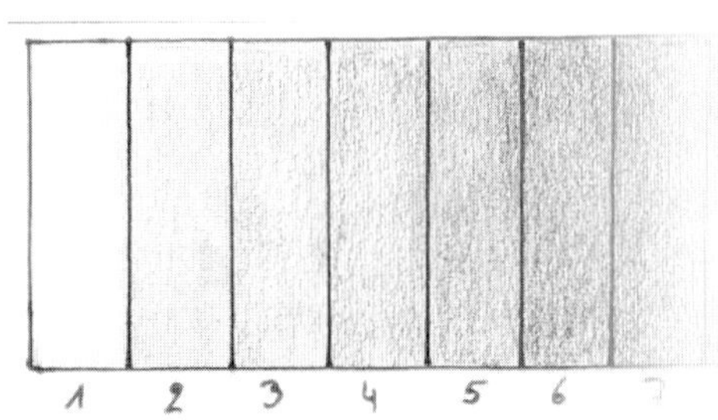

9. Vulkanausbruch im Sandkasten

So geht es:

- In die kleine Flasche füllst du mit Hilfe des Trichters das Backpulver. Schichte um diese Flasche feuchten Sand wie einen Vulkankegel auf. Die Flaschenöffnung sollte frei bleiben.
- Fülle etwas Essig in eine große Tasse ab und gib ein paar Tropfen rote Lebensmittelfarbe dazu (du kannst den Essig mit etwas Wasser verdünnen).
- Gieße vorsichtig den gefärbten Essig in die Flasche.

Was wird geschehen?

Aus der Flaschenöffnung blubbert die farbige Flüssigkeit wie Lava heraus. Das Backpulver enthält Natron, das mit dem Essig reagiert hat. Dabei ist Kohlendioxid entstanden, das die Flüssigkeit aus der Flasche drückt. So ähnlich verhalten sich auch die Gase in der Magmakammer eines echten Vulkans, die flüssiges Magma über den Schlot an die Erdoberfläche befördern.

10. Vulkan-Spiel (1)

Ziel

Start

Fragekarten
(Ablage)

Fragekarten

10. Vulkan-Spiel (2)

Frage:
Gibt es auch Vulkane auf anderen Planeten?

Antwort:
Ja. Der größte Vulkan unseres Sonnensystems befindet sich auf dem Mars.

Frage:
Was ist Lava?

Antwort:
Lava ist die geschmolzene Gesteinsmasse, die aus dem Schlot des Vulkans geschleudert wird.

Frage:
Wie bezeichnet man die Wissenschaftler, die Vulkane erforschen?

Antwort:
Vulkane werden von Vulkanologen erforscht.

Frage:
Wenn Lava aus dem Vulkan tritt, lagert sie sich um den Schlot ab und baut einen Gesteinsring auf. Wie nennt man diesen Teil des Vulkans?

Antwort:
Man nennt diesen Gesteinsring Krater.

Frage:
Was ist ein Geysir?

Antwort:
Ein Geysir ist eine Wasserfontäne in der Nähe von Vulkanen.

Frage:
Wo bildet sich das Magma?

Antwort:
Magma bildet sich tausende Kilometer unter der Erdoberfläche – im Mantel.

Frage:
Aus welchen Erdschichten besteht unser Planet?

Antwort:
Die oberste Schicht ist die Erdkruste. Die zweite Schicht ist der Erdmantel, der den Erdkern umhüllt.

Frage:
Woraus besteht Magma?

Antwort:
Magma besteht aus geschmolzenem Gestein und Gas.

Frage:
Welche zwei Hauptarten von Vulkanausbrüchen gibt es?

Antwort:
Man unterscheidet den Ergussausbruch und den explosiven Ausbruch.

Frage:
Aus welchen Teilen besteht ein Vulkan?

Antwort:
Ein Vulkan besteht aus einer Magmakammer, einem Schlot und einem Vulkankegel mit einem großen Loch (Krater).

Frage:
Wie heiß ist Lava?

Antwort:
Lava hat eine Temperatur von ca. 1 000 bis 1 200 °C.

Frage:
Wann kommt ein Vulkanausbruch zum Stillstand?

Antwort:
Ein Vulkan erlischt, wenn
- **es in der Magmakammer nicht mehr genügend geschmolzenes Gestein gibt,**
- **das Magma nicht mehr genügend Gas enthält,**
- **oder der Schlot verstopft ist.**

BVK LW38 • Sabine Schulz: Lernwerkstatt „Wunderbares Geheimnis Erde“

10. Vulkan-Spiel (3)

Frage:
Kann ein erloschener Vulkan wieder aktiv werden?

Antwort:
Nein. Wenn ein Vulkan wieder aktiv wird, war er nicht wirklich erloschen, sondern hatte nur eine Ruhepause, die manchmal mehrere tausend Jahre dauern kann.

Frage:
Der Vulkan Vesuv hatte 79 Jahre nach Chr. einen riesigen Ausbruch, nachdem er sich mehrere hundert Jahre ruhig verhalten hatte. In welchem Land befindet sich dieser Vulkan?

Antwort:
Der Vesuv befindet sich in Italien.

Frage:
Wie heißt der größte Vulkan auf der Erde?

Antwort:
Der größte Vulkan dieser Erde (Höhe: 9 000 m / Grunddurchmesser: 250 m) heißt Mauna Loa und befindet sich auf der Insel Hawaii mitten im Pazifischen Ozean.

Frage:
Wozu wird Lavagestein oft verwendet?

Antwort:
Lavagestein wird oft als Baumaterial verwendet.

Frage:
Gibt es auch unter Wasser Vulkane?

Antwort:
Ja, es gibt sehr viele Vulkane unter der Meeresoberfläche. Die Gipfel der höchsten Vulkane ragen als Inseln aus dem Wasser.

Frage:
Welche Farbe hat Lava?

Antwort:
Wenn Lava flüssig und heiß ist, glüht sie rot und gelb. Kühlt sie ab, wird sie hart und färbt sich braun, schwarz, grau oder weiß.

Frage:
Der größte Krater auf der Erde ist der des Vulkans Garita in den USA. Wie groß ist sein Durchmesser?

Antwort:
Dieser Krater besitzt einen Durchmesser von 45 km. Im Allgemeinen haben Krater einen viel kleineren Durchmesser von zehn bis zu einigen hundert Metern.

Frage:
Warum gedeihen Pflanzen an den unteren Hängen eines Vulkanes meist besonders gut?

Antwort:
Die unteren Hänge eines Vulkanes sind meist warm. Dagegen ist es auf den Gipfeln hoher Vulkane oft kalt. Deshalb wachsen dort keine Pflanzen. Die Asche und die Lava, die ein Vulkan bei einem Ausbruch ausstößt, sind wie Dünger und fördern das Wachstum der Pflanzen.

Frage:
Was kann geschehen, wenn ein Vulkan im Meer einen heftigen Ausbruch hat?

Antwort:
Durch die großen Mengen an Asche und Lavabrocken, die auf den Meeresboden fallen, kann es zu riesigen Flutwellen kommen, die bis zu 40 Meter hoch werden. Erreichen diese die Küste, so können sie Häuser zerstören, Bäume entwurzeln und Schiffe an Land schleudern.

Frage:
Woran kann man schon von weitem erkennen, dass ein Vulkan aktiv ist?

Antwort:
Über dem Vulkankrater befindet sich eine Wolke aus Rauch und Staub.

Frage:
Wie entsteht ein Vulkan?

Antwort:
Bei der Entstehung eines Vulkans bricht die Erdkruste auf und Magma tritt aus dem Erdmantel aus. Bei jedem Ausbruch lagern sich Lavaschichten ab. Der Vulkankegel wächst.

Frage:
Wie schnell können Lavamassen fließen?

Antwort:
Lavamassen können Fließgeschwindigkeiten bis zu 50 km pro Stunde erreichen.

BVK LW38 • Sabine Schulz: Lernwerkstatt „Wunderbares Geheimnis Erde“

11. Das Kontinente-Puzzle

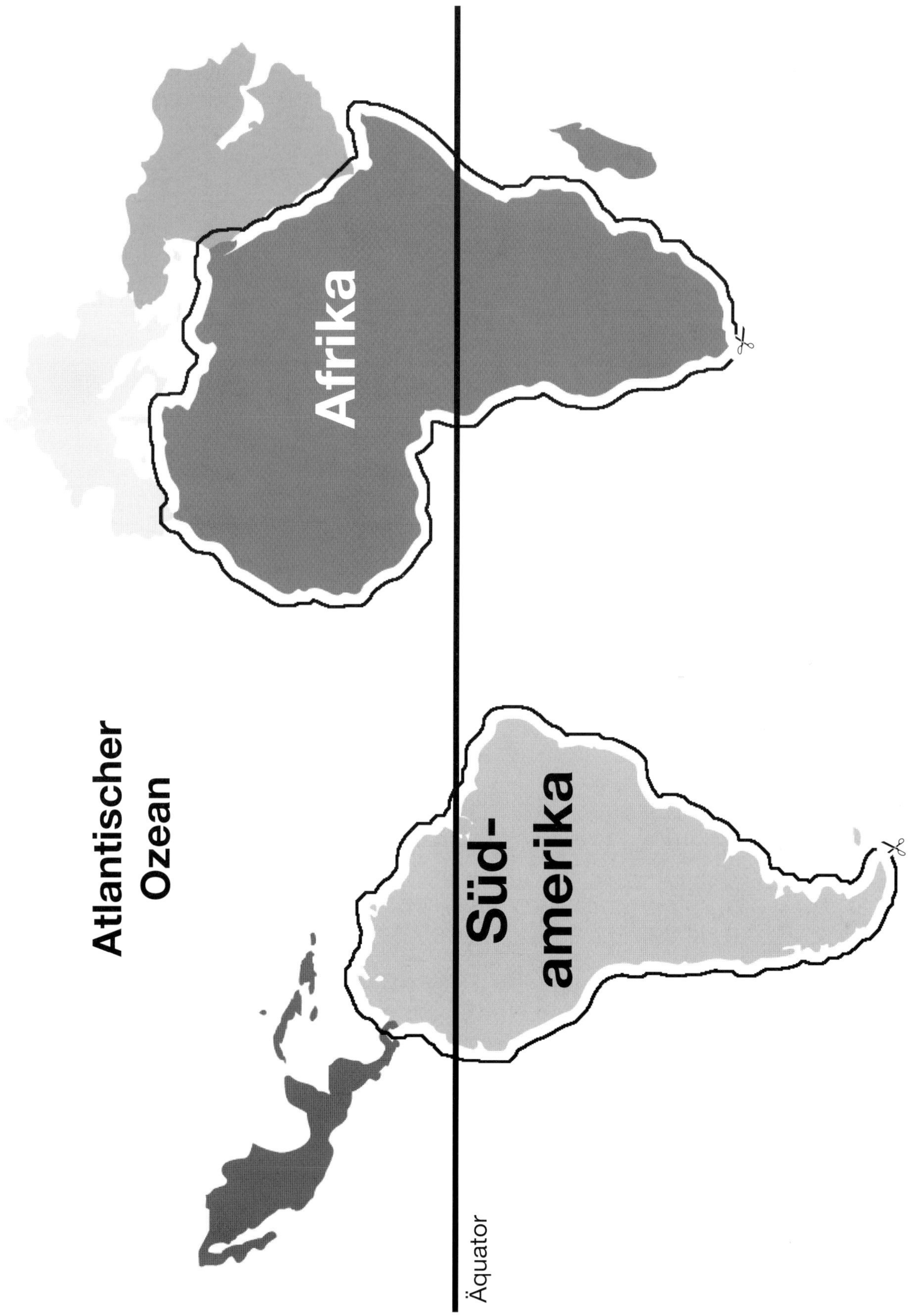

13. Eine Märchenreise rund um die Welt

Märchenreisepass von

____

Diese Märchen habe ich gelesen:

____

____

____

BVK LW38 • Sabine Schulz: Lernwerkstatt „Wunderbares Geheimnis Erde“

14. Landschafts-Lotto (1)

Zu deiner Information:
Die Sonne erwärmt mit ihren Strahlen alle Länder auf der Erde. Auf einige scheint sie besonders stark. Das sind die Länder, die sich in der Nähe des *Äquators* befinden. Am Nord- und am Südpol dagegen ist es stets kalt, da die Sonnenstrahlen die Polarregionen nur spärlich erreichen. So gibt es unterschiedliche *Klimazonen* auf unserem Globus.
Das Klima beeinflusst das Pflanzenwachstum. Regnet es zum Beispiel in einem Gebiet häufig, so wächst meist eine Vielzahl an Pflanzenarten. In einem trockenen Klima wachsen weniger oder ganz andere Pflanzen als in feuchten Gegenden. So schaffen die unterschiedlichen Klimazonen ganz bestimmte Landschaften, wiederum Lebensraum für bestimmte Tiere.
Wenn du dich für Tiere interessierst, dann fällt dir das *Landschafts-Lottospiel* bestimmt nicht schwer.

Zusatzaufgabe:
- Besorge dir in der Bücherei einige Tierlexika und Sachbücher.
- Fertige zu einem deiner gesammelten Tiere einen Steckbrief an.

Wüsten

Wüsten sind die regenärmsten Gegenden, die es auf der Erde gibt. Dort können Jahre vergehen, bis ein Regentropfen fällt. Trotz der hohen Temperaturen (am Tag bis zu ca. 50 °C und höher) und der großen Trockenheit leben dort Pflanzen und Tiere, die sich an die Bedingungen angepasst haben. Die größte Wüste der Erde ist die Sahara in Nordafrika.

Polargebiete

In diesen von Eis und Schnee bedeckten Gebieten herrscht klirrende Kälte. Je nach Region schwanken die Temperaturen zwischen 0 °C und 5 °C im Sommer. Wenn es dort Winter ist, können sie sogar auf -80 °C absinken! Wegen der Neigung der Erdachse fällt während der sechs Wintermonate kein Sonnenlicht auf einen Pol. Die spärlichen Pflanzen wachsen also nur in den Sommermonaten. Niederschläge gibt es in den Polarregionen so gut wie nie.

14. Landschafts-Lotto (2)

Der tropische Regenwald

Regenwälder kommen nur in Gegenden vor, wo es das ganze Jahr über warm und feucht ist. Sie bestehen oft aus sehr hohen, immergrünen Bäumen und wuchernden Pflanzen, die auf den Stämmen und Ästen der Bäume wachsen. Das Blattwerk der Bäume ist dort so dicht, dass der Regen oft den Boden nicht erreicht. Weil dort so viele Pflanzen wachsen, ist es schwierig, sich einen Weg durch den Wald zu bahnen.

Grasland

Zu den Graslandschaften zählen:
- afrikanische Savannen, auf denen nur wenige Bäume und Büsche wachsen,
- Steppenlandschaften und
- Grasflächen, die der Mensch als Wiesen und Felder angelegt hat, um sie landwirtschaftlich zu nutzen (z. B. als Weideland für die Tiere oder für den Ackerbau).

Wälder in den gemäßigten Zonen

Man unterscheidet hier zwei Arten von Wäldern: nämlich immergrüne Nadelwälder, die nie ihre Nadeln abwerfen und solche Wälder, deren Bäume im Herbst ihre Blätter verlieren wie z. B. Eichen-, Buchen- oder Kastanienbäume. In den Mittelmeerregionen gibt es übrigens schöne Pinienwälder. Pinien verlieren zwar ihre Nadeln, jedoch nie alle zum gleichen Zeitpunkt. So sind Pinienwälder das ganze Jahr über grün.

Gebirge

Nur wenige Pflanzen leben in den Felsen der Gebirge, die oft von Schnee und Eis überzogen sind. Berge entstehen auf Grund der Bewegung zweier Kontinentalplatten. Wenn diese aneinander stoßen, drücken sie sich gegenseitig nach oben und bilden Bergketten, was allerdings einige Millionen Jahre dauert. Der höchste Berg der Welt ist mit 8 848 m der Mount Everest im Himalaja-Gebirge. Er entstand durch den Zusammenprall der indischen mit der südasiatischen Kontinentalplatte.

14. Landschafts-Lotto (3)

Gämse

Königsadler

Steinbock

Murmeltier

Panda

Schneeziege

Leopard

Zebra

Löwe

Giraffe

Nashorn

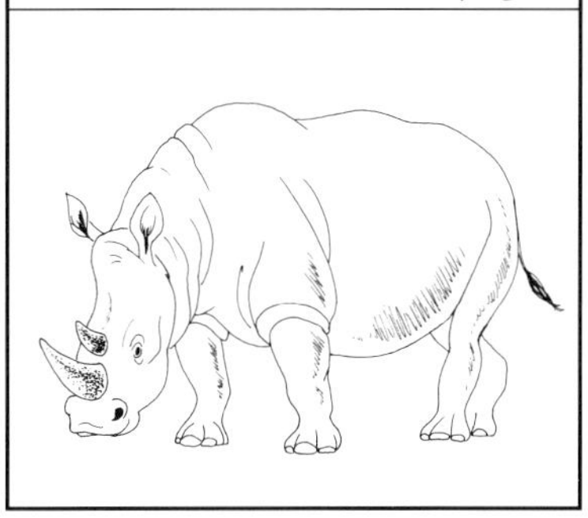

Gazelle

14. Landschafts-Lotto (4)

Schildkröte

Klapperschlange

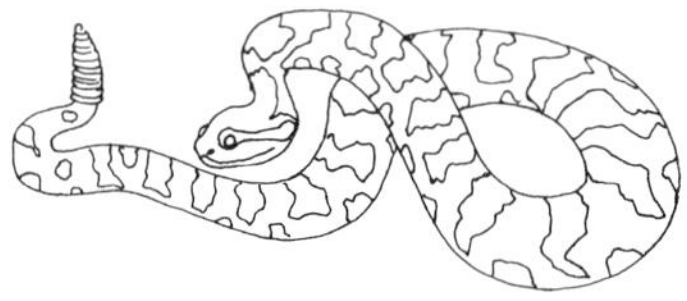

Schakal

Wüstenspringmaus

Wüstenschildkröte

Skorpion

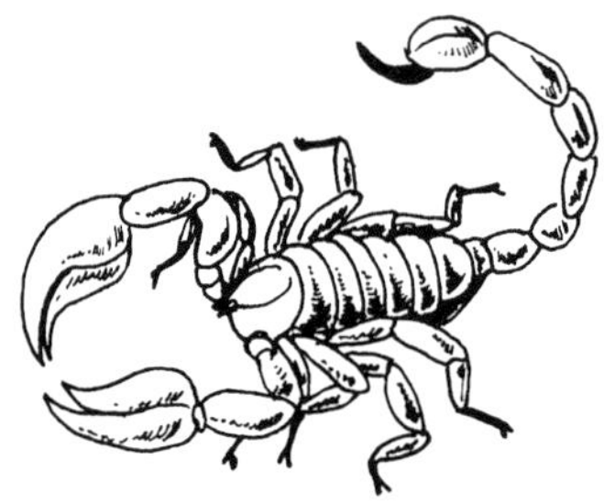

Seehund

Eisbär

Robbe

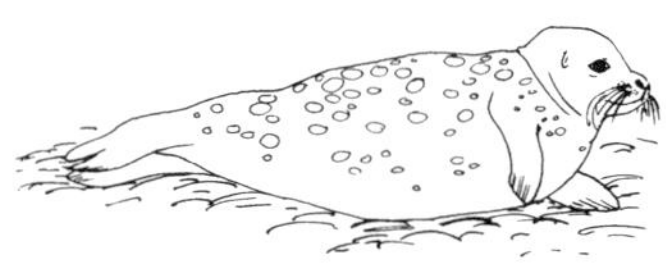

Elch

Pinguin

Walross

14. Landschafts-Lotto (5)

Jaguar

Tukan

Orang-Utan

Python

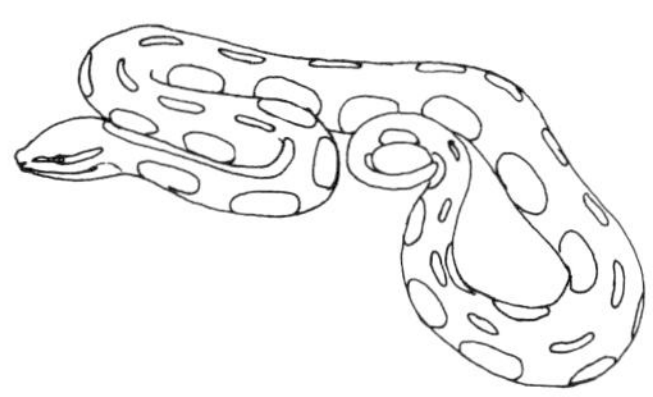

Tiger

Krokodil

Hase

Wildschwein

Uhu

Rothirsch

Igel

Reh

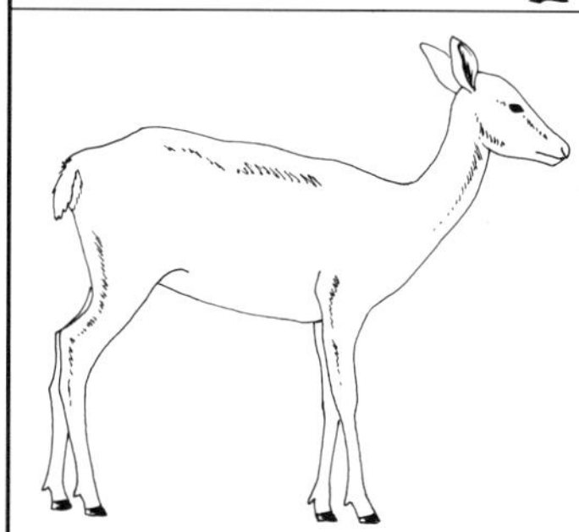

BVK LW38 • Sabine Schulz: Lernwerkstatt „Wunderbares Geheimnis Erde“

14. Landschafts-Lotto (6)

Steckbrief

Wie heißt das Tier?

Welche körperlichen Merkmale hat es?

Wovon ernährt es sich?

In welchen Gegenden kommt es vor?

Welche besonderen Fähigkeiten / Angewohnheiten besitzt das Tier?

Wie vermehrt es sich? / Wie kümmert es sich um seine Jungen?

Welche Feinde hat es?

Besonderheiten:

BVK LW38 • Sabine Schulz: Lernwerkstatt „Wunderbares Geheimnis Erde“

15. Regenwald in Gefahr (1)

Zu deiner Information:
Tropische Regenwälder sind riesige, dicht bewachsene Wälder entlang des *Äquators*. Sie brauchen ein feuchtes und warmes Klima. Der größte Regenwald der Erde befindet sich am Amazonas in Brasilien. Doch es gibt auch Regenwälder in Afrika, Asien und Australien. Der Regenwald ist die Heimat von zahlreichen Pflanzen, Insekten und Tieren wie z. B. Papageien, Affen oder Jaguaren. Viele Arten sind von den Wissenschaftlern noch nicht erforscht.
Regenwälder sind die grüne Lunge der Erde. Die vielen Bäume, die dort wachsen, beeinflussen nicht nur das Klima auf der Erde, sondern reinigen auch die Luft und reichern sie mit Sauerstoff an.

Leider haben die Menschen angefangen, die Regenwälder zu vernichten. Umweltschützer schätzen, dass jede Minute auf der ganzen Erde ca. 40 Hektar Urwald durch Abholzung oder durch Brände vernichtet werden. Vielleicht fragst du dich jetzt: Warum holzen Menschen den Regenwald ab oder brennen ihn nieder?

Das hat verschiedene Gründe:

- Da die Bevölkerung auf der Erde ständig wächst, versuchen Menschen, die in der Nähe des Regenwaldes leben, durch das Niederbrennen von Bäumen neuen Platz für Äcker und Wohnhäuser zu schaffen.

- Die Bauern brauchen das Land, um Weiden für ihre Viehzucht zu gewinnen. Das Fleisch wird billig in die ganze Welt verkauft, z. B. für „Hamburger" in Schnellimbiss-Restaurants.

- Das Holz vieler Bäume ist wertvoll (z. B. Mahagoni oder Teak) und wird an die reicheren Länder auf der Erde verkauft. Daraus lassen sich z. B. Möbel, Fensterrahmen oder Essstäbchen herstellen.

Was wird geschehen, wenn die Zerstörung des Regenwaldes nicht aufhört?

- Bäume nehmen Kohlendioxid auf und wandeln ihn in Sauerstoff um, den du zum Atmen brauchst. Wenn die Wälder weiter vernichtet werden, wird die **Luftverschmutzung zunehmen**.

- Durch die Brandrodung der Wälder gelangen riesige Mengen von Kohlendioxid in die Luft. Wenn diese Abgase in die Lufthülle der Erde gelangen, wirken sie

15. Regenwald in Gefahr (2)

wie ein Wärmespeicher – man spricht hier auch vom so genannten „**Treibhaus-Effekt**". Die Gase halten die Wärme fest – ähnlich wie das Dach und die Wände eines gläsernen Treibhauses, welche die Sonnenwärme hereinlassen, aber nicht wieder hinaus. Die Erde erwärmt sich zunehmend, was dazu führt, dass das Eis am Nord- und Südpol schmilzt. Dadurch vergrößern sich die Ozeane und es kommt zu Überschwemmungen.

- Wenn der Regenwald gerodet wird, gibt es keine Wurzeln mehr, welche die Erde bei längeren Regenfällen festhalten. Sie wird dadurch in die Flüsse geschwemmt und „verstopft" die Gewässer. Das führt zu schlimmen **Überflutungen**, bei denen Dörfer, Städte, ja ganze Landstriche unter Wasser gesetzt werden.

- Außerdem **wäscht** der Regen bei gerodeten Wäldern nach und nach alle wichtigen **Nährstoffe aus dem Boden**. Es wachsen kaum noch Pflanzen nach. Um neuen fruchtbaren Boden zu gewinnen, roden die Bauern wieder neue Wälder.

- Viele Tiere verlieren ihren Lebensraum und werden aussterben, wie z. B. die Dinosaurier.

- Aus vielen Pflanzen, die in den Regenwäldern wachsen, kann man billig natürliche Heilmittel herstellen. Wenn diese Pflanzen verschwinden, verlieren wir auch medizinische Möglichkeiten, die uns vielleicht auch gegen tödliche Krankheiten wie z. B. Krebs helfen könnten.

Was kannst du tun, um den Regenwald zu retten?

- Wenn du gerne Hamburger magst, solltest du dich im Restaurant erkundigen, woher das Fleisch kommt. Iss kein Fleisch, das aus Regenwald-Gebieten stammt.

- Bitte deine Eltern, keine Produkte zu kaufen, die aus tropischen Hölzern hergestellt sind (z. B. Mahagoni, Teak, Ebenholz oder Rosenholz).

- Du kannst dich mit Umweltschützern in Verbindung setzen wie z. B. Greenpeace und dich näher informieren und Unterschriften sammeln, die du an Politiker schickst, damit sie sich für den Erhalt der Regenwälder einsetzen.

Fallen dir weitere Möglichkeiten ein?

BVK LW38 • Sabine Schulz: Lernwerkstatt „Wunderbares Geheimnis Erde"

16. Sahara auf der Fensterbank

Du brauchst:

- 1 viereckige Pflanzenschale
- 1 kleine Schaufel
- 1 Löffel
- Kies oder Kieselsteine
- groben Sand
- Blumenerde
- 1 Gießkanne
- 6 kleine Kakteen

So geht es:

- Zuerst bedeckst du den Boden der Pflanzenschale mit Kies. Anschließend füllst du sie etwa zur Hälfte mit Blumenerde auf.
- Grabe mit der Schaufel für jeden Kaktus ein kleines Loch und pflanze die Kakteen ein. Aber Vorsicht: Stacheln!
- Fülle die Zwischenräume zwischen den einzelnen Pflanzen mit Erde. Die Wurzeln der Kakteen sollten gut mit Erde bedeckt sein.
- Nun streust du den Sand auf die Erde und drückst ihn vorsichtig mit dem Löffel an.

Fertig ist deine Mini-Wüste, die auf einer warmen, sonnigen Fensterbank am besten gedeiht. Die Pflanzen musst du nur einmal pro Woche gießen. Dabei sollte der Boden nicht zu feucht werden.

Tipp:
Wie wäre es, wenn du aus Knetmasse noch einige Schlangen formst, die sich zwischen den Kakteen verstecken?

BVK LW38 • Sabine Schulz: Lernwerkstatt „Wunderbares Geheimnis Erde“

17. Schreib-Spiel „Geheimnisvolle Landschaften der Erde“ (1)

Spielanleitung:

Stelle dir folgende Situation vor:

Du liegst zu Hause in deinem warmen, kuscheligen Bett und schläfst gerade ein. Da kitzelt dich ein silberner Mondstrahl an der Nase. Du musst niesen und als du die Augen öffnest, entdeckst du auf dem Boden einen großen, flauschigen Teppich, der mit goldenen Fäden durchwirkt ist. So einen prächtigen Teppich hast du noch nie gesehen. Neugierig setzt du dich darauf.

Plötzlich erhebt sich dieser Teppich vom Boden und fliegt mit dir durch das geöffnete Fenster hinaus ins Freie. Dein Teppich schwebt höher und höher – dem Mondlicht entgegen. Unglaublich, was da mit dir geschieht!
Du fliegst an Städten, Wäldern, Flüssen und Seen vorbei und unter den Wolken entdeckst du ein riesiges, blaues Meer. Als die Sonne aufgeht, senkt sich der Teppich und landet sanft in einer seltsamen Landschaft, die du noch nie gesehen hast …

Wie es in der Geschichte weitergeht, das musst du nun „würfeln“.

- Zuerst liest du die Frage auf der Ideen-Schachtel
  (z. B.: Wo befindest du dich?).
- Dann wird gewürfelt.
- Anschließend öffnest du die Schachtel und siehst nach.
  Dort findest du Bildkarten, auf denen eine Zahl steht.
  Die Karte mit der Zahl, die du gewürfelt hast, liefert dir die Antwort auf die Frage. Nimm sie aus der Schachtel und lege sie vor dir ab.

Insgesamt würfelst du *dreimal* und sammelst *drei Bildkarten.*
Mit Hilfe der drei Fragekarten und der Bildkarten erzählst du nun eine spannende Abenteuergeschichte.

Zusatzaufgabe:
Male zu deiner Geschichte noch ein passendes Bild.

Was hältst du davon, gemeinsam mit deinen Mitschülern einen Geschichtenordner anzulegen, in dem ihr eure spannendsten Fantasiegeschichten sammelt?

BVK LW38 • Sabine Schulz: Lernwerkstatt „Wunderbares Geheimnis Erde“

17. Schreib-Spiel „Geheimnisvolle Landschaften der Erde" (2)

Fragekarten:

1. Wo befindest du dich?
Tipp: Beschreibe die *Landschaft* auf deiner Bildkarte mit eigenen Worten.

2. Was entdeckst du?
Tipp: Die Bildkarte verrät dir, *welchen Gegenstand* du gefunden hast. Erzähle, was geschieht, wenn du den Gegenstand entdeckst oder ihn anfasst. Liegt vielleicht ein besonderer Zauber darauf?

3. Wer begegnet dir?
Tipp: Die Bildkarte zeigt dir, *wer* dir plötzlich begegnet. Beschreibe diese Gestalt und erzähle, wie sie sich dir gegenüber verhält! Vielleicht wird sie dein neuer Reisebegleiter oder verrät dir ihr besonderes Geheimnis ...

Wortkarten:

Wo befindest du dich?

Wer begegnet dir?

Was entdeckst du?

17. Schreib-Spiel „Geheimnisvolle Landschaften der Erde“ (3)

Bildkarten zu: Wo befindest du dich?

BVK LW38 • Sabine Schulz: Lernwerkstatt „Wunderbares Geheimnis Erde“

17. Schreib-Spiel „Geheimnisvolle Landschaften der Erde“ (4)

Bildkarten zu: Was entdeckst du?

1
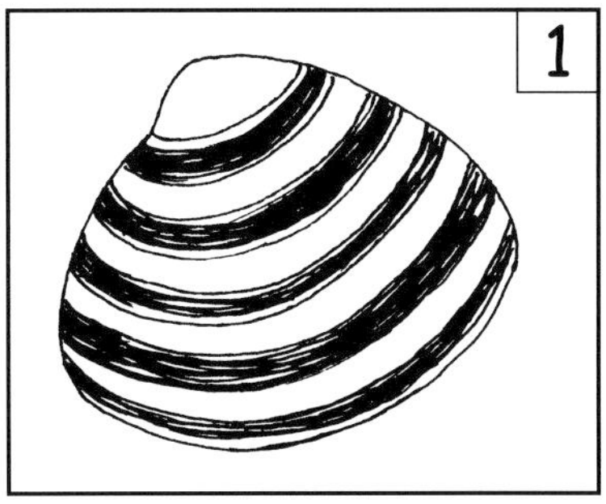
2

3
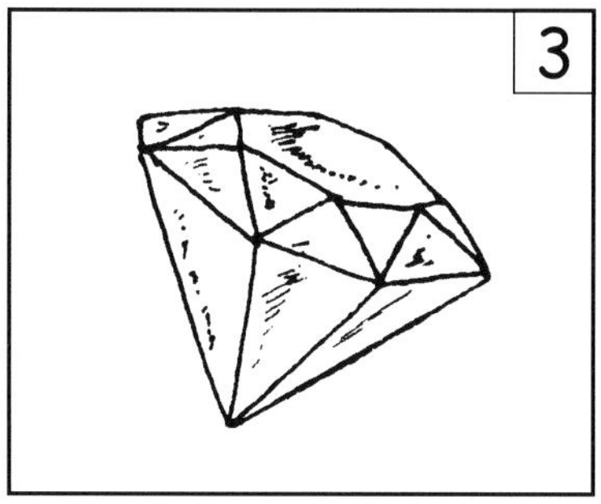
4
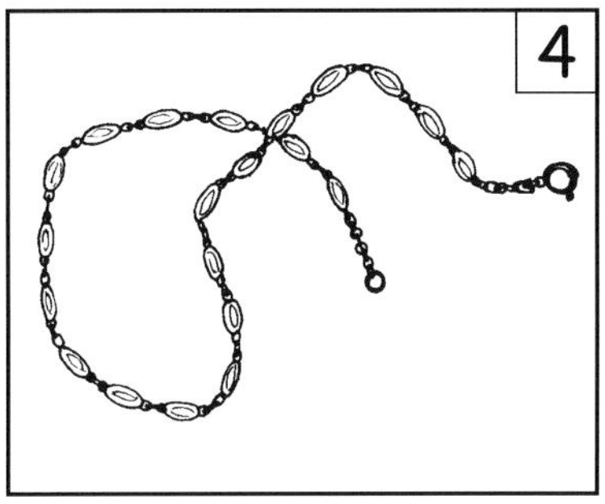
5
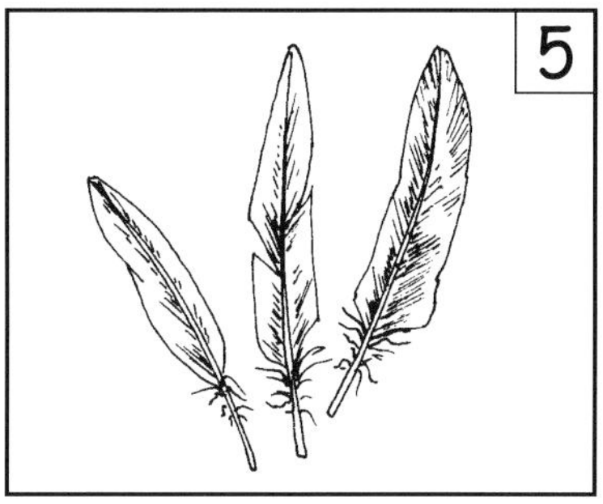
6

Bildkarten zu: Wer begegnet dir?

1

2

3

4

5

6

BVK LW38 • Sabine Schulz: Lernwerkstatt „Wunderbares Geheimnis Erde“

19. Im Sand vergraben (1)

Zu deiner Information:
Gesteine sind natürliche Verbindungen von Mineralien. Manche Gesteine wie z. B. Marmor (Kalzit) bestehen aus den Kristallen eines einzigen Minerals. Aber die meisten Gesteine setzen sich aus mehreren, verschiedenen Mineralien zusammen. Mineralien sind in der Natur vorkommende anorganische Feststoffe. Ihre Zusammensetzung lässt sich chemisch ganz genau bestimmen.

Gesteine speichern Informationen über die Vergangenheit der Erde, die ungefähr 4,6 Milliarden Jahre alt ist. Geologen versuchen mit Hilfe von Gesteinen die Prozesse und Ereignisse, die zur Entstehung der Erde geführt haben, zu entschlüsseln. Bis heute kann man nur wenige Kilometer in die Erdkruste hineinbohren. Zu den Gesteinen im Erdmantel gibt es noch keinen direkten Zugang.

Geologen unterscheiden drei Hauptgruppen von Gesteinen:
magmatische Gesteine, *Sedimentgesteine* und *metamorphes* Gestein.

- **Magmatische** Gesteine entstehen, wenn Magma (flüssiges Gestein im Erdmantel) bei einem Vulkanausbruch aus dem Erdinneren tritt, abkühlt und erstarrt. Granit ist z. B. ein magmatisches Gestein.
- **Sedimentgesteine** bilden sich durch Ablagerungen von Teilchen, die an der Erdoberfläche verwittern. Muschelkalk ist z. B. ein Sedimentgestein. In ihm sind zusammengepresste Schalen urzeitlicher Meerestiere eingelagert.
- **Metamorphes** Gestein entsteht durch Umwandlungsprozesse. Bestehendes Gestein wird durch Hitze oder durch Druck gewaltiger Erdverschiebungen zu einem neuen Gestein umgewandelt. Marmor ist ein Beispiel für metamorphes Gestein, das sich aus Kalkstein gebildet hat.

Pyrit

Aussehen:
goldgelb, Metallglanz
Härte:
6 - 6,5
Vorkommen:
Deutschland, Japan, Schweden, Spanien, USA, Tschechien
Interessantes / Wissenswertes:
Dieses Mineral weist eine gewisse Ähnlichkeit mit dem begehrten Gold auf. Gutgläubige und unwissende Goldsucher wurden schon häufig durch den Pyrit in die Irre geführt, weshalb er auch als Katzengold bezeichnet wird. Es gibt allerdings einen Trick, wie man Gold und Pyrit voneinander unterscheiden kann: Man braucht dazu eine raue Oberfläche. Reibt man Gold darüber, so hinterlässt es eine goldfarbene Spur, Pyrit dagegen eine schwarze Linie.

19. Im Sand vergraben (2)

Bergkristall

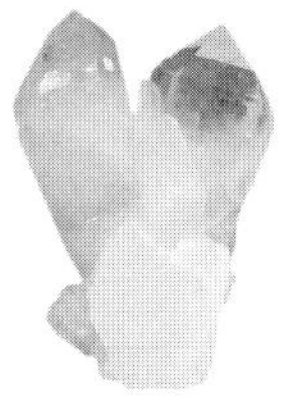

Aussehen:
durchsichtig, klar, spitze und abgeflachte Formen
Härte:
7
Vorkommen:
Deutschland (Alpen), Brasilien, USA
Interessantes / Wissenswertes:
Der Bergkristall ist ein reiner Quarzkristall, der wegen seiner Klarheit als Symbol der Reinheit gilt.
Jahrhundertelang glaubte man, der Bergkristall würde aus Eis bestehen, das zu festgefroren sei, um je wieder auftauen zu können. Das Wort Kristall ist aus dem griechischen Wort kyros abgeleitet, das eiskalt bedeutet.

Türkis

Aussehen:
türkisblau, kann bei starker Sonneneinstrahlung oder bei Kontakt mit Wasser oder Fett auch grün werden, Wachsglanz
Härte:
5 - 6
Vorkommen:
Deutschland (Erzgebirge), Iran, Tibet, China, Mexiko, Arizona
Interessantes / Wissenswertes:
Der türkisblaue Stein gilt bei den Pueblo-Indianern Amerikas als heiliger Stein. Als Stein des Wassers und des Himmels wurde er bei öffentlichen Zeremonien und Regentänzen getragen. Türkise findet man in vielen Indianerschmuckstücken eingearbeitet.
Übrigens, die Farbe Türkis erhielt ihren Namen von dem Mineral Türkis und nicht umgekehrt!

Rosenquarz

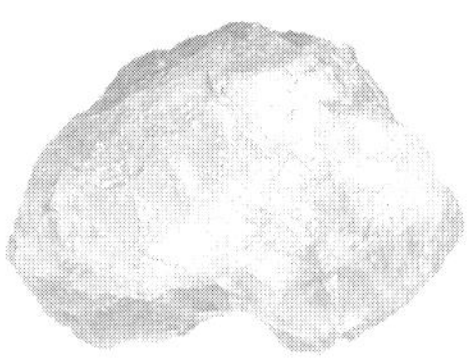

Aussehen:
hellrosa, leicht durchsichtig, schön ausgebildete Kristalle kommen selten vor und sind meist klein
Härte:
7
Vorkommen:
USA, Madagaskar, Brasilien, Süd- und Ostafrika
Interessantes / Wissenswertes:
Die alten Römer hielten den Rosenquarz für sehr kostbar. Er galt bei ihnen als das Symbol für Schönheit und Liebe.

Malachit (Von den Bergleuten wird der Malachit auch Berggrün genannt.)

Aussehen:
hell- bis dunkelgrün, Seidenglanz, Bänderung
Härte:
3,5 - 4
Vorkommen:
Australien, Kongo (Zaire), Frankreich, Deutschland (Harz, Thüringen), Russland (Ural), 1820 wurde im Ural ein Malachitblock gefunden, der 250 Tonnen wog!
Interessantes / Wissenswertes:
Der Malachit ist seit mindestens 5 000 Jahren bekannt. Die Ägypter fertigten Schmuckgegenstände aus Malachit, die ihrem Träger Glück und Harmonie schenken sollten. Aus Malachit werden meist dekorative Gegenstände angefertigt wie Tischplatten, Dosen, Aschenbecher und Skulpturen. Die russischen Zare ließen die Wände ihrer Schlösser mit Malachit verzieren.
Früher zerrieben die Griechen und Römer den sehr weichen Stein zu Pulver und machten Farben und Lidschatten daraus.

19. Im Sand vergraben (3)

Tigerauge

Aussehen:
braun, golden schimmernd, bei passendem Lichteinfall Katzenaugeneffekt

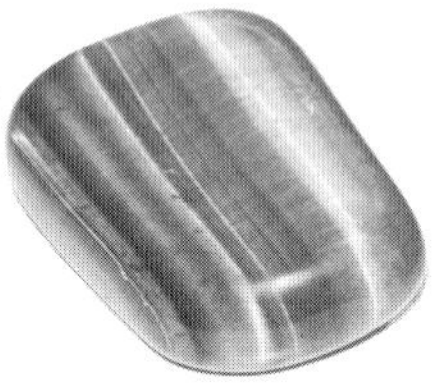

Härte:
7

Vorkommen:
Südafrika, Australien, USA, Pakistan, Indien

Interessantes / Wissenswertes:
Bei den Arabern galt das Tigerauge als Stein der Entschlossenheit. Sie nutzten ihn bei schwierigen Entscheidungen.
Als Heilstein soll er bei Rückenschmerzen helfen.

Karneol

Aussehen:
blutrot, orange, rotbraun (manchmal mit hellen Farbrändern)

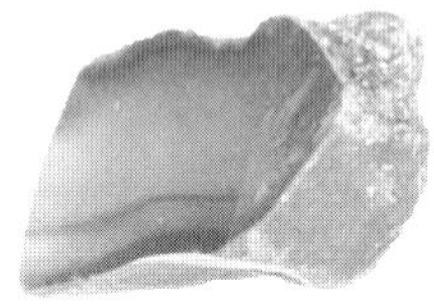

Härte:
7

Vorkommen:
Indien, Brasilien, Arabien, USA

Interessantes / Wissenswertes:
Karneol bedeutet „der Fleischfarbene" (von dem lateinischen Wort carneolus). Dieser Name kommt von der Kirschfarbe des Steins. Die Ägypter schätzten den Karneol als besonders kraftspendend, weshalb die Pharaonen ihn als Schmuckstein trugen.

Hämatit

Aussehen:
schwarz-grau, metallisch

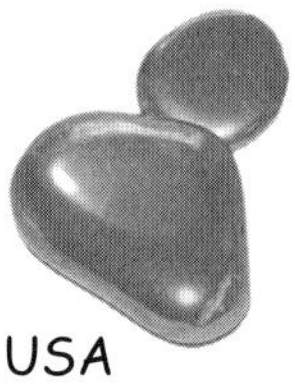

Härte:
6,5y

Vorkommen:
Deutschland (Alpen), Schweden, USA

Interessantes / Wissenswertes:
Dieses Mineral enthält viel Eisen. Deshalb färbt sich das Wasser beim Schleifen des Steines rötlich. Früher meinte man, der Stein würde beim Schleifen bluten, weshalb er auch Blutstein genannt wird.
Als Heilstein eingesetzt sollte er helfen, Blutungen zu stillen und Wunden zu schließen.
Aus dem feingeriebenen Pulver des Hämatit wurde früher Poliermittel hergestellt.

Amethyst

Aussehen:
violett, spitze und abgeflachte Kristallformen

Härte:
7

Vorkommen:
Brasilien, Mexiko, Australien

Interessantes / Wissenswertes:
Katholische Bischöfe tragen einen Amethysten im Bischofsring. Der Amethyst wird auch heute noch als Gebets- und Meditationsstein verwendet.
Als Heilstein soll er gegen Schwellungen sowie bei Insektenstichen helfen.

20. Raub der Bodenschätze

Datum der Befragung: ______________________________

Durchgeführt von: ______________________________

Frage:
Wie können wir den Verbrauch von Bodenschätzen (z. B. Erdöl, Kohle, Metall) senken?

Name der befragten Person	Antworten
1. ____________________	
2. ____________________	
3. ____________________	
4. ____________________	
5. ____________________	

26. Kartoffeln - die nahrhaften Knollen aus Südamerika (1)

Die Heimat der Kartoffel liegt in einer *südamerikanischen* Berggegend – den *Anden*. Die Inkas bauten schon vor 8 000 Jahren in der Nähe von Peru und Chile Kartoffeln an. Sie hatten nämlich festgestellt, dass die Kartoffel auch in einer Höhenlage von 3 000 bis 4 000 Metern wachsen und auch bei Frost und Kälte gedeihen konnte. Außerdem ließen sich diese schmackhaften Knollen über längere Zeit gut aufbewahren. Die Inkas nannten die Kartoffeln *„papas"*, was auf deutsch *„Knollen"* heißt.
Nachdem Amerika entdeckt wurde, kamen 1526 spanische Eroberer ins Inkareich. Dort lernten sie die seltsamen Knollen kennen, von denen sich die Einheimischen ernährten. 1565 sandten die Eroberer per Schiff eine Kiste der Knollen an ihren spanischen König. So kam die Kartoffel zu uns nach Europa.

Zunächst aber bewunderten die Europäer die Kartoffel nicht wegen ihres Geschmackes, sondern wegen ihrer schönen Blüten. So schmückte die Kartoffelpflanze viele fürstliche Hofgärten.
Im Laufe der Zeit erkannte man, dass der „Erdapfel" eine gute Möglichkeit war, um Hungersnöte zu beseitigen.

Die Kartoffel kann man ganz einfach und in großen Mengen anbauen und sie ist eine billige und außerdem gesunde Speise. In der Kartoffel stecken nämlich viel Vitamin C und Nährstoffe, die unser Körper braucht (z. B. Kalium und Magnesium).

Bis die Kartoffel allerdings in Deutschland auf dem Speisezettel des Volkes stand, sollte es noch 200 Jahre dauern.
In Preußen musste der König sogar eine List anwenden, um die Bauern dazu zu bringen, Kartoffeln anzubauen. Obwohl er überall im Land den Befehl zum Anbauen von Kartoffeln gegeben hatte, misstrauten seine Untertanen dieser seltsamen Bodenfrucht und mochten nicht recht gehorchen.

26. Kartoffeln - die nahrhaften Knollen aus Südamerika (2)

Da gab Friedrich II (auch der „Alte Fritz" genannt) an seine Soldaten die Anweisung, Kartoffelfelder anzulegen und diese zu bewachen. Tatsächlich, die List funktionierte. Die Bauern wurden neugierig und dachten, dass die Knollen wohl etwas Besonderes sein mussten, wenn der König auf sie aufpassen ließ. Heimlich schlichen sie nachts auf die Felder und nahmen säckeweise die wertvollen Knollen mit. Die Soldaten drückten bei den nächtlichen Diebstählen beide Augen zu. Um das Volk auch dazu zu bringen, Kartoffeln nicht nur anzubauen, sondern auch zu essen, ließ der „Alte Fritz" sich immer öfter in aller Öffentlichkeit Kartoffeln servieren. Und so kamen immer mehr Menschen auf den Geschmack der Kartoffel, die heute in Deutschland nicht mehr aus unserer Küche wegzudenken ist.

Hast du gewusst, dass es inzwischen weltweit über 5 000 Kartoffelsorten gibt?

Fragen:

- Wer brachte die Kartoffel nach Europa?
- Warum werden auch bei uns in Deutschland Kartoffeln gerne angebaut?
- Wie hieß der König, der seine Untertanen zum Verzehr von Kartoffeln überlistete?

27. Spiel: „Die faule Kartoffel“ (1)

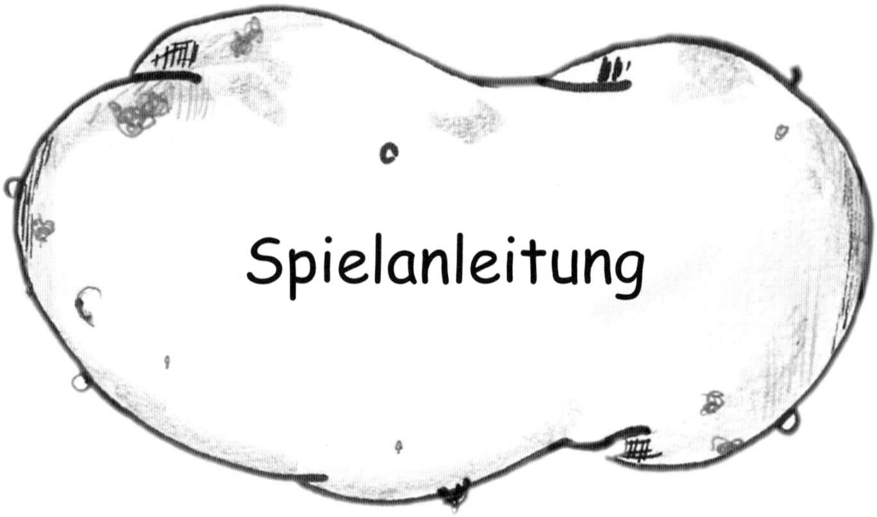

Und so wird das Spiel gespielt (2–4 Mitspieler):

- Legt die Kartoffeln auf das Küchenbrett auf einen Stapel, und zwar so, dass die Seite mit dem Klebepunkt (Lösungen) nach unten zeigt.
- Das jüngste Kind nimmt die oberste Kartoffel-Karte von dem Küchenbrett und liest die Aussage vor. Der rechte Nachbar muss nun entscheiden, ob die Kartoffel gut (der Satz **stimmt**) oder **faul** (ein Fehler hat sich eingeschlichen) ist.
- Nun wird auf der Rückseite nachgeschaut.
  Hat das ratende Kind richtig getippt, bekommt es die Kartoffel.
  Hat es sich geirrt, dann kommt diese Kartoffel in den Topf.
- Nun geht es im Uhrzeigersinn weiter.
- Wenn alle Karten vom Küchenbrett verschwunden sind, werden die Kartoffeln aus dem Topf genommen und auf das Brett gelegt.
- Gespielt wird so lange, bis alle Kartoffel-Karten an die Mitspieler verteilt sind.
- Gewonnen hat, wer die meisten Kartoffeln gesammelt hat.

BVK LW38 • Sabine Schulz: Lernwerkstatt „Wunderbares Geheimnis Erde“

27. Spiel: „Die faule Kartoffel“ (2)

Zum Kartoffelanbau verwendet man nicht den Samen der Früchte, sondern die Kartoffel selbst. Man pflanzt im Frühling keimende Kartoffeln, aus denen dann die Pflanzen wachsen.	**Stimmt!**
An den Wurzeln einer eingepflanzten Kartoffel wachsen bis zu zwanzig neue Kartoffeln.	**Stimmt!**
Kartoffeln wurden früher bei der Ernte mit großen Schaufeln ausgegraben.	**Faul!** Man verwendete große Gabeln.
Die Kartoffelpflanzen unter der Erde brauchen viel Licht.	**Faul!** Der Kartoffelbauer häuft an der Pflanze Erde an, damit die wachsenden Kartoffeln vor Licht gut geschützt sind. Sonst werden sie grün und man kann sie nicht mehr essen.

BVK LW38 • Sabine Schulz: Lernwerkstatt „Wunderbares Geheimnis Erde“

27. Spiel: „Die faule Kartoffel“ (3)

Der Marienkäfer ist der schlimmste Feind der Kartoffel.	**Faul!** Ein schlimmer Schädling ist der Kartoffelkäfer.
Kartoffelkäfer werden von Staren, Krähen, Hühnervögeln und Wespenarten gefressen.	**Stimmt!**
Kartoffeln wurden vor 2 000 Jahren in Peru – im Reich der Inkas – angebaut. Erst nach der Entdeckung Amerikas wurde die Kartoffel auch um 1565 in Europa bekannt.	**Stimmt!**
Diese Speisen werden aus Kartoffeln gemacht: Pommes frites, Chips, Popcorn, Kartoffelsalat, Knödel, Kartoffelpüree.	**Faul!** Popcorn wird aus Mais gemacht.

BVK LW38 • Sabine Schulz: Lernwerkstatt „Wunderbares Geheimnis Erde“

27. Spiel: „Die faule Kartoffel“ (4)

Aus Kartoffeln gewinnt man Stärkemehl. Das weiße Pulver wird verwendet, um z. B. Soßenpulver, Leim oder Papier herzustellen.	**Stimmt!**
Früher gab es für Landkinder im Herbst Kartoffelferien. Eigentlich waren es gar keine Ferien, sondern nur ein paar schulfreie Tage für die Kinder, weil sie den Frauen bei der Kartoffelernte helfen mussten.	**Stimmt!**
Grüne Kartoffeln darf man nicht essen.	**Stimmt!** Sie enthalten den giftigen Stoff Solanin.
Zum Schutz gegen Schädlinge werden chemische Pflanzenschutzmittel versprüht. Der Einsatz von solchen Pflanzenschutzmitteln ist völlig ungefährlich.	**Faul!** In solchen Pflanzenschutzmitteln sind gesundheitsschädliche Stoffe, die sich im Boden und in Nahrungsmitteln ablagern.

BVK LW38 • Sabine Schulz: Lernwerkstatt „Wunderbares Geheimnis Erde“

27. Spiel: „Die faule Kartoffel“ (5)

Kartoffelpflanzen tragen rot-orange Blüten, aus denen sich kleine Früchte entwickeln, die wie Mini-Tomaten aussehen und leider ungenießbar sind.

Faul!

Die Blüten der Kartoffelpflanze sind weiß, rosa oder zartblau.

Was man von der Kartoffelpflanze isst, wächst unter der Erde.

Stimmt!

Die Kartoffel ist ein Wurzelgemüse wie die Karotte, die Zwiebel oder der Rettich.

Faul!

Kartoffeln sind keine Wurzeln, sondern Knollen. Sie wachsen wie kleine Säcke zwischen den Wurzeln.

Roh schmecken Kartoffeln am besten.

Faul!

Um Kartoffeln essen zu können, muss man sie entweder kochen, backen oder braten.

BVK LW38 • Sabine Schulz: Lernwerkstatt „Wunderbares Geheimnis Erde“

27. Spiel: „Die faule Kartoffel“ (6)

Die Kartoffel besteht innen zum größten Teil aus Wasser.	**Stimmt!**
Kartoffeln müssen in möglichst warmen und feuchten Räumen gelagert werden.	**Faul!** Am besten ist es, die Kartoffeln an einem kühlen und trockenen Ort aufzubewahren, damit sie nicht faulen.
Als die Kartoffel vor ungefähr 300 Jahren als Nahrungsmittel in Deutschland eingeführt wurde, waren alle Leute sofort begeistert, weil man davon gut satt wird.	**Faul!** Die Bauern waren anfangs ziemlich misstrauisch und verfütterten die Kartoffeln meistens an die Schweine. Ein listiger König brachte die Leute dazu, die Kartoffeln zu essen, indem er Kartoffelfelder von Soldaten bewachen ließ. Daraufhin begeisterten sich die Bauern für diese seltsame Knolle.
Kartoffeln werden auch Granatäpfel genannt.	**Faul!** Der andere Name für die Kartoffel ist „Erdapfel“.

28. Kartoffelspeisen (1)

Speisekarte Kartoffelgerichte	Titel	Zeichne!
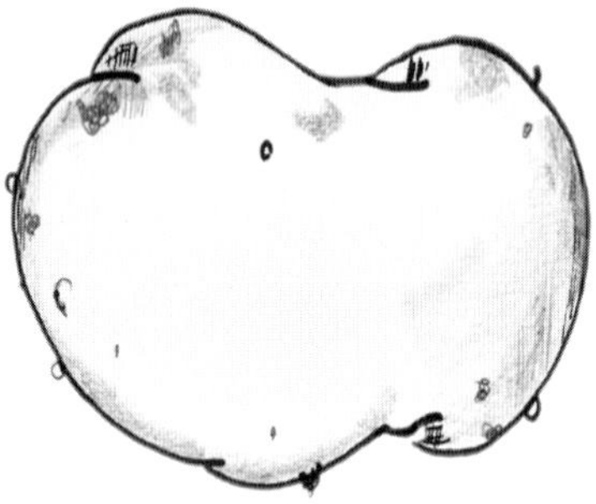		
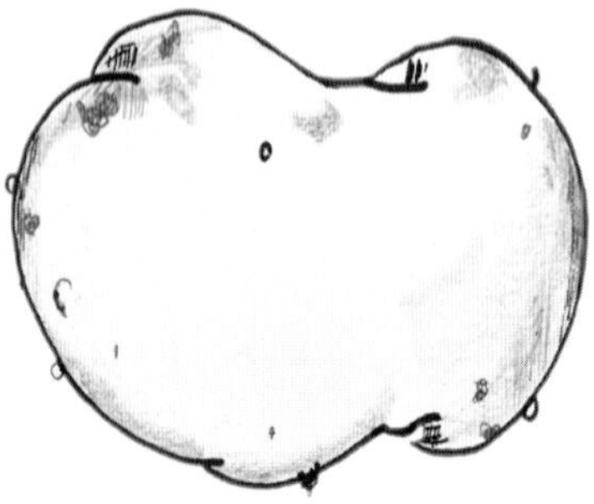		
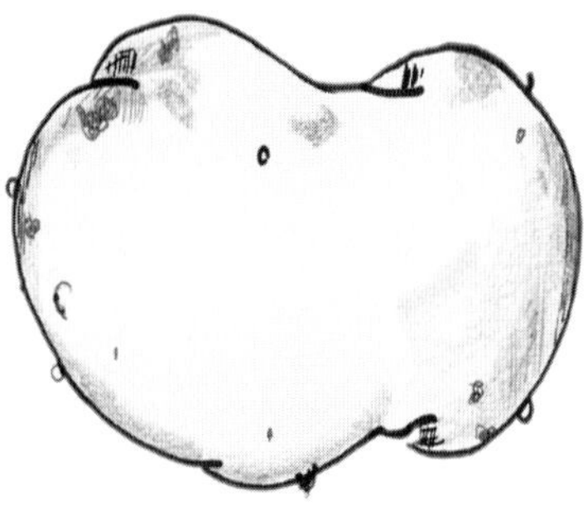		
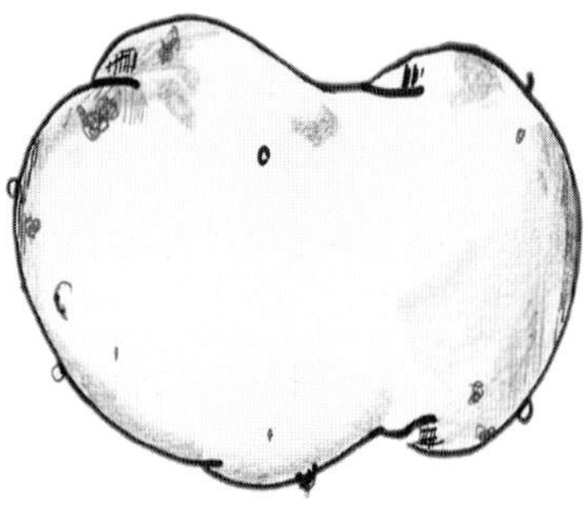		
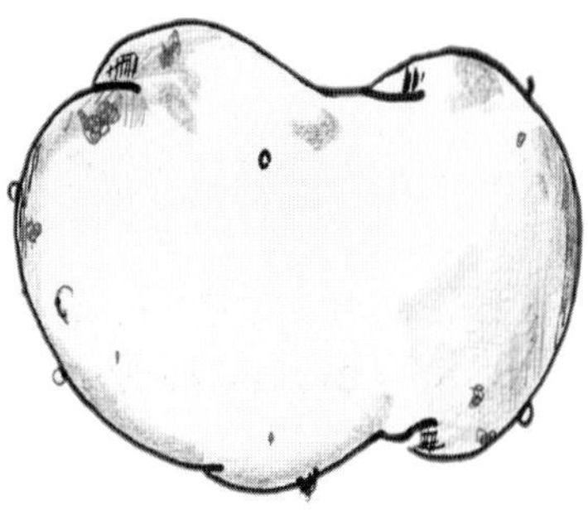		

28. Kartoffelspeisen (2)

Rezept: Ofenkartoffeln mit Kräuterquark

Gemeinsam mit deinen Mitschülern kannst du in der Schulküche ganz einfach ein leckeres und gesundes Kartoffelgericht zubereiten.

Für 4 Portionen brauchst du:
- 4 mittelgroße mehlige Kartoffeln
- 4 große Stücke Alufolie
- etwas Öl
- 250 g Quark
- etwas Milch
- Salz, Pfeffer
- 2 Esslöffel fein geschnittenen Schnittlauch
- 50 g Butter
- etwas Petersilie zum Garnieren

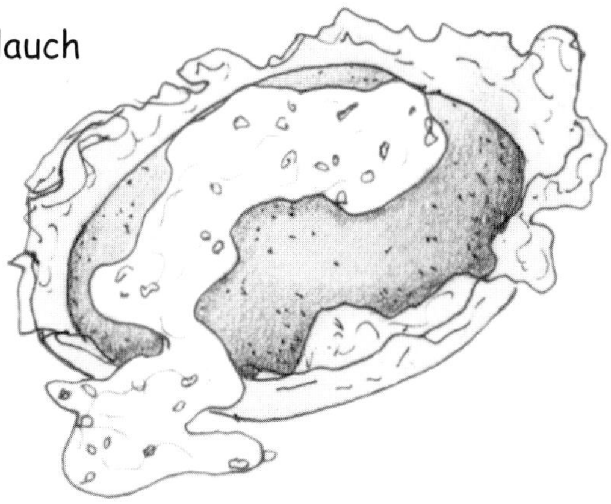

Lege folgende Dinge bereit:
- Küchenmesser
- Brett
- Gabel, Holzspießchen
- kleine Schüssel

So geht es:
- Heize zuerst den Backofen auf ungefähr 200 °C vor.
- Wasche die Kartoffeln gründlich ab und wickle sie in die Alufolie. Im Backrohr werden diese ca. eine Stunde gebacken, bis sie gar sind. Das testet man am besten mit einem Holzspießchen. Wenn du es mühelos in die Kartoffel schieben kannst, ist sie weich genug, um gegessen zu werden.

Während die Kartoffeln im Ofen backen, bereitest du die Quarkcreme zu:
- Schneide den Schnittlauch in feine Ringe.
- Fülle den Quark in eine kleine Schüssel und gib ein kleines bisschen Milch dazu, gerade so viel, dass du den Quark zu einer dickflüssigen Creme verrühren kannst.
- Dann schmeckst du den Quark mit Salz und Pfeffer ab und rührst den geschnittenen Schnittlauch unter.
- Wenn die Kartoffeln gar sind, legst du sie auf einen Teller und öffnest vorsichtig die Folie.
- Zerteile nun die Kartoffeln mit der Gabel und fülle die Quarkcreme in die Kartoffeln. Zum Schluss garnierst du das Ganze mit etwas Petersilie und einem kleinen Butterstückchen. Guten Appetit!

BVK LW38 • Sabine Schulz: Lernwerkstatt „Wunderbares Geheimnis Erde“

29. Das Regenwurm-Haus

Zu deiner Information:
Dieser ca. 20 cm lange Muskelprotz ist der Meistermischer unter den Erdarbeitern. Der Regenwurm kann Erdklumpen verschieben, die 60 mal schwerer sind als er selbst. Er ist nicht nur ein unermüdlicher Röhrenbauer und Pflüger, sondern ein wichtiger *Düngerproduzent*. Seine Hauptarbeit ist nämlich die Humusbildung. Regenwürmer vertragen kein *Licht* und keine *Trockenheit*. Sie haben zwar keine Augen, dafür aber eine sehr lichtempfindliche, feuchte Haut. Bei direktem Sonnenlicht vertrocknen sie auf qualvolle Weise. Deshalb kommen die Regenwürmer draußen in der Natur nur nachts oder bei Tau aus der Erde – oder wenn es regnet. Dann müssen sie nämlich aus ihren überfluteten unterirdischen Gängen flüchten. Solltest du vielleicht einmal einen Regenwurm an einem sonnigen Tag auf der Erdoberfläche sehen, dann kannst du ihm vielleicht sein Leben retten, indem du ihn mit Erde bedeckst oder ihn an einen Platz trägst, wo er sich in den feuchten Boden zurückziehen kann.

Du brauchst:
- 1 großes Einmachglas / große Glasschüssel
- Blumenerde
- Sand
- Gras, Blätter
- Regenwürmer
- 1 Gießkanne mit Wasser

So geht es:
- Fülle abwechselnd Erde und Sand in das Einmachglas, bis es fast voll ist. (Eine Schicht sollte ca. 3–5 cm hoch sein.)
- Lege die Blätter und das Gras auf die letzte Bodenschicht.
- Gieße etwas Wasser in die Erde, denn Regenwürmer brauchen eine feuchte Umgebung.
- Setze die Regenwürmer in ihr neues Haus.
- Decke das Schauhaus mit einem dunklen Tuch ab.

Was du beobachten kannst:
Bereits nach einigen Tagen sieht man, dass die Regenwürmer Gänge angelegt haben, die sich durch alle Erdschichten ziehen. Die Erde wird sich immer mehr vermischen.
Durch die Gänge wird der Boden gelockert und durchgelüftet. Außerdem kann er nun besser Wasser aufnehmen. Du siehst also, Regenwürmer sind nützliche Gartenhelfer.

32. Regenwurm-Domino (1)

ANFANG	Wie kannst du beim Regenwurm herausfinden, wo hinten und wo vorne ist?
Würmer haben empfindliche Enden, die sich ganz schnell zurückziehen, wenn man sie berührt. So versuchen sie, den Vögeln zu entkommen. Das Ende, das sich schneller zurückzieht, ist das hintere Ende.	Wie lang können Regenwürmer werden?
In Australien lebt ein Regenwurm, der bis zu 3,3 Meter lang wird – fast so lang wie zwei erwachsene Menschen.	Der Regenwurm hat keine Beine. Wie bewegt er sich fort?
Der Regenwurm hat einen ganz langen Muskel, der durch seinen Körper verläuft, und viele kleine Muskeln. Zur Fortbewegung zieht der Regenwurm die Muskelteile zusammen und streckt den Körpermuskel nach vorne. Dann zieht er den langen Muskel zusammen und den Rest des Körpers hinterher.	Was fressen Regenwürmer?
Regenwürmer ernähren sich von verrottenden Pflanzen und Tieren.	Warum sind Regenwürmer für den Boden so wichtig?
Regenwürmer verdauen ihre Nahrung beim Graben ihrer Gänge im Boden. Der Kot wird in der Erde ausgeschieden. So graben die Würmer den Boden um und versorgen ihn mit Dünger. Durch ihre Gänge kommt Luft in den Boden und das Regenwasser kann abfließen.	Wie alt kann ein Regenwurm werden?

32. Regenwurm-Domino (2)

Ein Regenwurm kann bis zu zehn Jahre alt werden.	Wie verbringen Regenwürmer den Winter?
Sie kringeln sich ein und halten in den untersten Gängen der Erde Winterschlaf.	Wie können sich Regenwürmer unter der Erde zurechtfinden?
Regenwürmer haben keine Augen und Ohren. Die brauchen sie auch nicht unter der Erde. Allerdings können sie an einer Stelle am Hinterkopf hell und dunkel erkennen. Mit ihrem sehr guten Tastsinn spüren sie jede feinste Bodenschwingung und können somit Gefahren ausweichen.	Wie kannst du einen Regenwurm aus dem Boden locken?
Wenn du fest auf dem Boden trampelst, meinen die Würmer, dass es regnet und kommen an die Oberfläche.	Welches Tier frisst besonders gerne Regenwürmer?
Es ist der Maulwurf.	Wie tief sind die unterirdischen Gänge des Regenwurms?
Der Regenwurm baut verzweigte Tunnelgänge, die bis in eine Tiefe von 2,5 Meter reichen.	Was passiert mit einem Regenwurm, der sich längere Zeit an einem sonnigen Platz befindet?

32. Regenwurm-Domino (3)

Er trocknet aus und stirbt. Du kannst ihn retten, wenn du ihn vorsichtig an ein schattiges Plätzchen trägst. Dort kann er sich schnell einen neuen Erdgang graben und verschwinden.	Wie viele Regenwurmarten gibt es?
Es gibt über 1800 Arten.	

BVK LW38 • Sabine Schulz: Lernwerkstatt „Wunderbares Geheimnis Erde“

33. Mein liebstes Fleckchen Erde

So fertigst du einen Suchrahmen an:

- Klebe die Papiervorlage auf einen Fotokarton (DIN A4).
- Schneide den Rahmen entlang seiner Außen- und Innenlinie aus.
- Wenn du möchtest, kannst du deinen Rahmen noch verzieren.

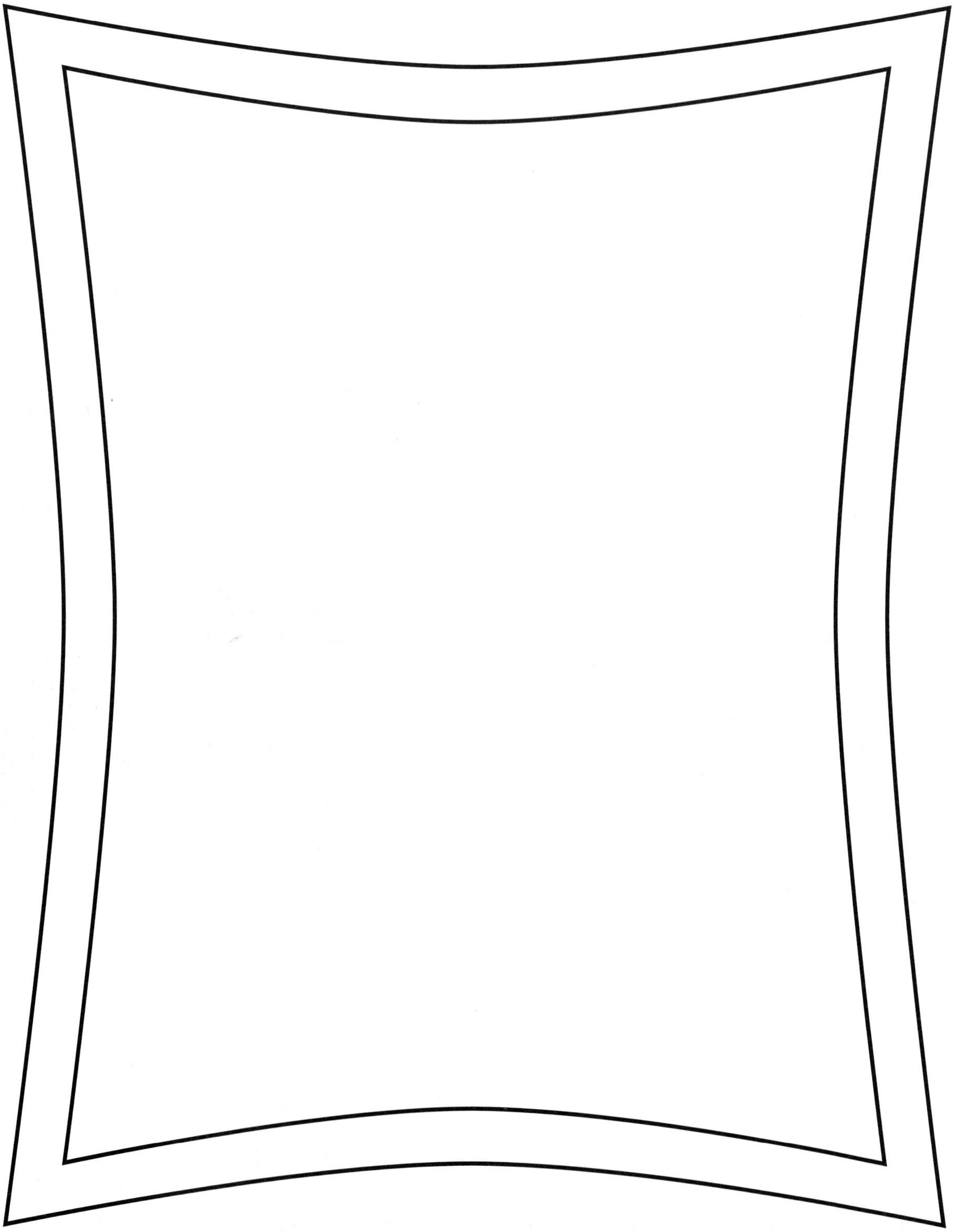

BVK LW38 • Sabine Schulz: Lernwerkstatt „Wunderbares Geheimnis Erde“